Heinrich Preschers

Über Verdienst und Tugend

ein Versuch

Heinrich Preschers

Über Verdienst und Tugend
ein Versuch

ISBN/EAN: 9783743437708

Hergestellt in Europa, USA, Kanada, Australien, Japan

Cover: Foto ©ninafisch / pixelio.de

Weitere Bücher finden Sie auf **www.hansebooks.com**

Ueber

Verdienst und Tugend,

ein Versuch

von

Shaftesbury.

Neu bearbeitet und erläutert

von

Herrn Diderot.

Aus dem Französischen übersetzt.

Leipzig,
im Verlage der Dykischen Buchhandlung.
1780.

Zuschrift
an meinen Bruder.

— — Ja, mein Bruder; die Religion muß, wann sie richtig
verstanden und mit einem erleuchteten Eifer
ausgeübt wird, schlechterdings die moralischen
Tugenden erhöhen. Sie tritt mit den natürlichen Kenntnissen in Bund, und, ist sie
gründlich, so wird sie durch das Wachsthum
derselben in keine Unruhe wegen ihrer Ge-
rechtsame gesetzt. So schwer es auch seyn
mag, die Gränzen des Glaubens und der
Vernunft zu unterscheiden, so verwirrt doch
der Philosoph die Gegenstände von beiden

A 2

nicht. Als ein guter Bürger hegt er für sie
einerley Zuneigung und Ehrfurcht. Philosophie und Gottlosigkeit sind von einander
eben so entfernt, als Religion und Fanatismus: aber vom Fanatismus zur Barbarey
ist nur Ein Schritt. Unter Barbarey verstehe ich, wie Du, jene rauhe Gemüthsart,
welche den Menschen gegen die Reize der
Natur und Kunst, und gegen die Annehm-
lichkeiten des geselligen Lebens, fühllos macht.
In Wahrheit, wie kann man diejenigen,
welche die Statuen, die sich aus den Trümmern des alten Roms erhalten hatten, ver-
stümmelten, anders nennen, als Barbaren?
Und was für einen andern Namen kann man
Leuten geben, welche jene ihnen angebohrne
Munterkeit, die der Vernunft Reiz und der
Tugend Annehmlichkeit giebt, mit Fleiß in
sich unterdrücken, und endlich (welche erhabne Bemühung!) so weit kommen, daß sie die-

jenigen wie Ungeheuer fliehen, die sie ihrer
Pflicht nach lieben sollten. Fast möchte ich
sagen, daß jene sowohl als diese von der
Religion nichts als das Gespenst gekannt
haben. So viel ist gewiß, sie fühlten pani-
sche Schrecken, die der Religion unwürdig
sind; Schrecken, die vorzeiten den Wissenschaften Untergang brachten und ihn auch
der Religion bringen könnten. „Es ist aus-
„gemacht, sage Montagne, daß in jenen er-
„sten Zeiten, wo unsre Religion zuerst durch
„die Gesetze die herrschende ward, ein blinder
„Eifer manchen gegen alle Arten heidnischer
„Bücher aufbrachte, wodurch die Gelehrten
„einen erstaunlichen Verlust erlitten. Ich
„glaube, daß diese Thorheit den Wissenschaf-
„ten mehr geschadet hat, als alles Sengen
„und Brennen der Barbaren. Cornelius
„Tacitus ist das beste Beyspiel davon; denn
„obgleich der Kaiser Tacitus, sein Ver-

„wandter, durch ausdrückliche Verordnungen
„alle Büchersammlungen in der Welt mit sei-
„nen Schriften angefüllt hatte, so hat doch
„nicht ein einziges vollständiges Exemplar dem
„sorgfältigen Nachsuchen derer entgehen kön-
„nen, die, um fünf bis sechs unserm Glauben
„widerstreitender Sätze willen, ihn ganz zu
„vernichten wünschten.“ Es erfordert keinen großen Scharfsinn, um einzusehen, daß
alle Bemühungen des Unglaubens weniger,
als eine solche Inquisition, zu fürchten waren. Der Unglaube bestreitet die Beweis-
quellen der Religion, jene Inquisition trachtete sie zu vernichten. Ja, wenn noch der
unbesonnene und brausende Eifer sich nur in
der gothischen Gewissenhaftigkeit schwacher
Köpfe, den richtigen Besorgnissen der Unwis-
senden, oder den Grillen einiger Misantropen
geäußert hätte! Aber erinnre Dich nur der
Geschichte unserer bürgerlichen Unruhen, und

Du wirst die eine Hälfte der Nation sich aus
Frömmigkeit in dem Blute der andern ba=
den, und, um Gottes Sache zu verfechten,
die ersten Empfindungen der Menschlichkeit
unterdrücken sehen; gleich, als ob man auf=
hören müßte, ein Mensch zu seyn, um sich
fromm zu zeigen! Die Religion und die Mo=
ral sind zu genau verbunden, als daß man
ihre ersten Grundsätze einander entgegenstel=
len könnte. Es giebt keine Tugend ohne
Religion, und kein Glück ohne Tugend; dieß
sind die beiden Wahrheiten, die Du in folgen=
den Betrachtungen erörtert finden wirst, welche
ich zu unser beider Nutzen niedergeschrie=
ben habe. Laß Dich diesen Ausdruck nicht
beleidigen; ich kenne die Gründlichkeit deines
Verstandes und die Güte deines Herzens.
Du hassest die Schwärmerey und die Schein=
heiligkeit, und hast weder deinen Kopf durch
sonderbare Meynungen, noch dein Herz durch

kindische Leidenschaften verengen laſſen. Gegenwärtige Schrift alſo ſoll, wenn Du willſt,
ein Gegengift ſeyn, in mir ein geſchwächte
Natur zu ſtärken, und bey Dir noch völlig
ſtarke Kräfte zu erhalten. Nimm es, ich
bitte Dich, als das Geſchenk eines Philoſophen und als das Unterpfand von der Liebe
eines Bruders an!

Vorbericht.

Es fehlt uns nicht an langen Abhandlungen der Moral, aber daran hat man noch nicht gedacht, uns ihre ersten Grundsätze zu geben. Denn so kann ich doch jene seichten Schlüsse nicht nennen, die man uns auf Schulen flüchtig in die Feder sagt, und die man glücklicherweise nicht die Zeit hat zu erklären: auch kann ich diesen Namen nicht jenen Sammlungen von Maximen ohne Zusammenhang und Ordnung geben, worinn man sichs recht eigentlich zum Zwecke macht, die Würde des Menschen herabzusetzen, ohne sehr auf seine Besserung zu denken. Nicht, als wenn zwischen diesen beiden Werken gar kein Unterschied zu machen wäre: ich gestehe, daß aus einer Seite des la Bruyere mehr zu lernen ist, als aus einem ganzen Bande des Pourchot; aber man muß auch bekennen, daß sie beide gleich unfähig sind, den Leser tugendhaft aus Grundsätzen zu machen.

Die Sittenlehre, machte den Haupttheil der
Weltweisheit bey den Alten aus, die hierinnen,
wie mir dünkt, viel weiser als wir dachten.
So wie wir sie behandeln *), sollte man glau-

*) Du mußt mir vergönnen, Palämon, daß ich so die
Philosophie beklage, da du mich genöthigt hast, mich mit
ihr zu einer Zeit einzulassen, da ihr Ansehn so gar geringe ist. Sie ist nicht mehr thätig in der Welt, und
kann kaum mit einigem Vortheil auf die öffentliche Büh-
ne gebracht werden. Wir haben sie (die arme Dame!)
in Kollegien und Zellen eingeschlossen, und haben sie zu so
sklavischen Arbeiten, wie die in Bergwerken sind, erniedrigt. Charlatane und pedantische Sophisten sind ihre
vornehmsten Schüler. Schulsyllogismen und Gold-
machen sind ihre besten Arbeiten. Vorzeiten war sie
es, die die Staatsmänner bildete, aber jetzt will ihr niemand von öffentlichem Ansehn das geringste zu verdanken haben. Unterhalten noch einige wenige Bekanntschaft mit ihr, und kommen sie noch zuweilen in ihre
Einsamkeit, so thun sie es, wie die vornehmen Jünger zu
unserm Herrn und Meister kamen, insgeheim und bey
der Nacht. Schaftesbury, ein vortrefliches Gemälde
von dem traurigen Zustande der Philosophie in Frank-
reich!

ben, entweder, daß es jetzt weniger nothwendig sey,
seine Pflichten zu kennen, oder leichter sie zu erfüllen. Hat ein junger Mensch seinen philoso-
phischen Cursus vollendet, so geräth er unter
ganze Schaaren von Atheisten, Deisten, Socinia-
nern, Spinosisten, und andrer Ungläubigen: von
den Eigenschaften der subtilen Materie, und von
der Entstehung der Wirbel ist er sehr wohl un-
terwiesen; aber diese prålende Kenntnisse sind
ihm vollkommen unnütz. Von den Vortheilen der
Tugend hingegen weiß er kaum das, was ihm
sein Lehrer davon gesagt hat; und von den Gründen seiner Religion kaum das, was er in seinem
Katechismus davon gelesen. Man muß hoffen,
daß jene erleuchteten Lehrer, die die Logik von
den Universalibus und den Kategorien, die
Methaphysik von den Entitäten und Quiddi-
täten gereinigt, und in der Physik an die Stelle nichtiger Hypothesen Erfahrung und Geo-
metrie gesetzt haben, diesen Mangel einsehen und

der Moral einige der Stunden, die sie dem Dien-
ste des Publikums aufopfern, widmen werden.
Ich würde mich glücklich schätzen, wenn dieser
Versuch unter den vielen Materialien, die sie dazu sammeln würden, eine Stelle fände!

Der Zweck dieser Schrift ist, zu zeigen, daß
die Tugend fast unzertrennlich mit der Erkenntniß Gottes, und das zeitliche Glück des Menschen wesentlich mit der Tugend verbunden ist.
Es giebt keine Tugend, ohne Glauben an Gott,
kein Glück ohne Tugend: das sind die beiden Lehr-
sätze des vortreflichen Weltweisen, dessen Ideen
ich hier vortragen will. Atheisten, die sich Rechtschaffenheit beylegen, und Unredliche, die mit ihrer Glückseligkeit prahlen, das sind meine Gegner! Wenn die Verderbniß der Sitten der Religion schädlicher ist, als alle Sophistereyen des Unglaubens, und wenn es die gute Ordnung der
menschlichen Gesellschaft nothwendig erfodert,
daß alle ihre Glieder tugendhaft sind! so wird

bet, der den Menschen lehrt, daß die Tugend
allein ihre irdische Glückseligkeit befödern kann,
der Religion und der menschlichen Gesellschaft
einen gleich wichtigen Dienst leisten. Aber aus
Furcht, daß die Kühnheit einiger Sätze, wenn
man sie nicht gehörig prüfte, gegen diese Schrift
einnehmen und ihren Nutzen verhindern könne, habe ich es für meine Pflicht gehalten, die Leser durch einige wenige Betrachtungen dazu vor-
zubereiten. Diese und die Anmerkungen, die ich allenthalben, wo ich es für nöthig hielte, hinzuge-
fügt habe, werden hinreichend seyn, die Zweifel
jedes aufmerksamen und nachdenkenden Lesers
zu heben.

1) In diesem Versuch ist nur von der moralischen Tugend die Rede, von jener Tugend, die
die Kirchenväter selbst einigen heidnischen Philosophen zugestanden haben: Einer Tugend, die
von dem Gottesdienste, zu dem sie sich, es sey
von Herzen oder zum Schein, bekannten, so we-

nig unzertrennlich war, daß derselbe sie vielmehr
von Grund aus hätte zernichten können; Einer
Tugend, die die Vorsehung nicht unbelohnt gelassen, wenn es wahr ist, wie wir in der Folge
erweisen wollen, daß die moralische Rechtschaffenheit unser Glück in dieser Welt macht. Aber
was ist Rechtschaffenheit?

B) Der Mensch ist rechtschaffen oder tugendhaft, wann er, ohne irgend einen niedrigen und
knechtischen Bewegungsgrund, wie die Hofnung
einer Belohnung oder die Furcht einer Strafe
ist, alle seine Leidenschaften zum allgemeinen Besten seines Geschlechts in Thätigkeit setzt; ein he-
roisches Bestreben, das gleichwohl niemals seinem
besondern Interesse widerstreitet. Honestum id in-
telligimus, quod tale est, vt detracta omni vtilita-
te, sine vllis praemiis fructibusve, per se ipsum
possit jure laudari. Quod quale sit, non tam de-
finitione, quam sana vsus, intelligi potest, quamquam
aliquantum potest, quam communi omnium judi-

cio et optimi cujusque ſtudiis atque factis, qui per-
multa ob eam vnam causfam faciunt, quia decet,
quia rectum, quia honeſtum eſt, etſi nullum conſecu-
turum emolumentum vident. CICERO *de Orat.*
Aber könnte man aus dieſer Erklärung nicht
folgern, daß die Hoffnung künftiger Güter und
die Furcht ewiger Strafen Verdienſt und Tugend aufhüben? Auf dieſen Einwurf wird man
die Antwort im dritten Abſchnitt des erſten Buchs
finden. Hier werden wir ohne in die Grillen
der Quietiſten zu verfallen, oder aus der Frömmigkeit ein Gewerbe zu machen, die Vortheile einer Religion zeigen, die einen ſolchen Glauben
predigt.

3) Wenn wir ausgemacht haben, worinn die
Tugend (wir reden hier überall von der moraliſchen) beſtehe, ſo werden wir mit einer geome-
triſchen Genauigkeit erweiſen, daß unter allen
Lehrgebäuden von der Gottheit der Theismus
ihr allein günſtig ſey. „Der Theismus, wird

„man ausrufen! Welche Gottesläſterung! Jene
„Feinde aller Offenbarung ſollten die einzigen
„ſeyn, die redlich und tugendhaft ſeyn könnten?"
Da ſey Gott für, daß ich je eine ſolche Lehre
ausbreiten ſollte! Auch iſt es nicht die Lehre
des Shaftesbury, der ſorgfältig der Verwirrung, die mit den Wörtern Deiſt und Theiſt vor-
gehn könnte, vorgebaut hat. Ein Deiſt, ſagt
er, glaubt einen Gott, aber läugnet alle Offenbarung; ein Theiſt hingegen iſt bereit eine Offenbarung zuzugeben, indem er das Daſeyn eines
Gottes annimmt. Im Engliſchen aber bezeichnet das Wort Theiſt ohne Unterſchied einen
Deiſten und Theiſten. Eine verdrüßliche Ver-
wechslung, dagegen Shaftesbury heftig eifert;
denn er konnte es nicht ausſtehen, daß der ehr-
würdigſte aller Namen, der Namen Theiſt, einem
Haufen von Gottloſen ſollte beygelegt werden.
Er hat ſich bemüht, die beleidigenden Ideen,
die in ſeiner Sprache damit verbunden ſind, zu

vertilgen, indem er mit aller möglichen Genauigkeit zeigte, wie sehr der Theismus dem Atheismus entgegenstehe, und wie genau er mit dem
Christenthum verbunden sey. In der That, ob
man gleich mit Wahrheit sagen kann, daß nicht
jeder Theist schon ein Christ sey, so kann man doch
mit eben so viel Grund behaupten, daß, um ein
Christ zu werden, man zuvor ein Theist seyn
müße. Der Grund aller Religion ist der Theismus.
Gewisse Schriftsteller, die offenbar ihren Vortheil dabey fanden, haben den Shaftesbury zu
einer Parthey gezählt, welche immer die schwäch-
ste bleiben wird, und das Pulikum hat ihnen geglaubt. Ich kann den Urgrund ihrer Beschul-
digung nicht besser zeigen, als wenn ich hier zu
seiner Ehre und ihrer Schande seine eignen Worte hersetze: „So verhaßt, sagt er (Band II. S.
„209) mir auch die Sache der Theisterey, oder
„der Name eines Theisten ist, wenn dadurch die
„Offenbarung ausgeschlossen wird, so glaube ich

„doch, daß im eigentlichen und richtigen Ver-
„stand alles auf der Theisterey beruhet, und daß
„man kein wohlgegründeter Christ seyn kann, wo-
„fern man nicht erst ein guter Theist ist. — Ich
„kann es auch nicht leiden, daß der Name The-
„ist, der höchste von allen Namen, übel beschrien
„und dem Christenthum entgegengesetzt wird;
„gerade als ob unsre Religion eine Art von Zau-
„berey wäre, und nicht von dem Glauben eines
„einigen höchstens Wesens abhienge, oder, als
„wenn der feste und vernunftmäßige, auf philo-
„sophischen Gründen beruhende Glaube eines
„solchen Wesens eine Eigenschaft wäre, die uns
„hinderte, etwas weiter zu glauben. Eine herr-
„liche Einbildung für diejenigen, die von Natur
„geneigt sind, die Offenbarung zu verwerfen, oder
„die sich aus Eitelkeit diese Freiheit anmaßen.“

Und an einem andern Orte (B. III. S. 315)
erklärt er sich folgendermaßen: „Der einzige
„Punkt, worüber ich vollkommen ruhig und von

„aller Furcht vor Tadel und Vorwürfen frey bin,
„ist Glaube und Orthodoxie. Denn erstlich
„wird jeder sehen, daß ich aus inniger Achtung
„und frommer Ehrfurcht mich sogar enthalten
„habe, eines von den heiligen und ehrwürdigen
„Geheimnissen der Offenbarung auch nur zu nen-
„nen. Und dann, da ich mit Zuversicht behau-
„pten kann, daß ich nie in irgend einer öffentlichen
„oder Privatschrift mich an dergleichen hohe Un-
„tersuchungen gewagt, noch mich im Wandel je
„anders, als der herrschenden Kirche gemäß be-
„zeigt habe, so kann man ganz eigentlich von
„mir sagen, daß ich so heilige Geheimnisse, bis
„auf ihre kleinsten Umstände, und ohne die ge-
„ringste Einwendung gegen ihre erstaunliche Tie-
„fe, treulich und gehorsam angenommen habe."

Ich sehe nicht ein, wie, nach so feyerlichen
Betheurungen einer gänzlichen Unterwerfung des
Herzens und des Geistes unter die heiligen Ge-
heimnisse der Religion, noch jemand so ungerecht

hat seyn können, den Shaftesbury mit den As-
gils, Tindals und Tolands in eine Klasse zu
setzen, mit Leuten, die in ihrer Kirche als Christen
eben so verschrien sind, wie in der gelehrten Republik als Schriftsteller; mit schlechten Protestan-
ten und elenden Autoren.　Swift, der unstreitig
darüber urtheilen konnte, fällt in seinem Meisterstücke des Witzes folgendes Urtheil von ihnen:
„Würde man wohl jemals darauf gefallen seyn,
„daß Asgil ein schöner Geist und Toland ein
„Philosoph sey, wenn nicht die Religion, diese un-
„erschöpfliche Materie, ihnen reichlich Witz und
„Syllogismen an die Hand gegeben hätte?
„Welch andrer Gegenstand in der weiten Schö-
„pfung wäre im Stande gewesen, dem Tindal den
„Namen eines tiefsinnigen Schriftstellers und so
„viel Leser zu verschaffen? Wären hundert Federn,
„wie die seinige, zur Vertheidigung des Christen-
„thums gebraucht worden, man hätte sie den Au-
„genblick einer ewigen Vergessenheit übergeben.“

4) Endlich wird sich alles, was wir für die Erkenntniß des Gottes der Völker sagen werden, mit neuer Stärke auf die Erkenntniß des Gottes der Christen anwenden lassen; eine Bemerkung, die man auf jeder Seite dieses Werks wahr finden wird. So haben wir dann den Leser bis an den Eingang unsres Tempels gebracht. Der Mißionar braucht ihn jetzt nur zu unsern Altären zu führen. Das ist seine Sache. Der Philosoph hat das seinige gethan.

Nur noch ein Wort muß ich sagen über die Art, wie ich den Shaftesbury behandelt habe. Ich habe ihn zu wiederhohltenmalen gelesen; ich habe mich mit seinem Geiste erfüllt, und sein Buch zugemacht, als ich die Feder ergriff. Nie hat jemand das Eigenthum eines andern mit so viel Freiheit gebraucht. Ich habe zusammengedrängt, was mir zu weitschweifig schien, ausgedehnt, was mir zu gedrängt dünkte, berichtigt, was ich gewagt glaubte; und die Anmerkungen, die die-

B 4

fe Art von Text begleiten, find fo häufig, daß der Verfuch des Shaftesbury, der eigentlich nichts als eine metaphyfifche Demonftration war, fich in ziemlich ausführliche Anfangsgründe der Moral verwandelt hat. Das Einzige, das ich gewiffenhaft beybehalten habe, ift die Ordnung, welche fimpler zu machen unmöglich war: auch erfodert diefes Werk einige Anftrengung des Geiftes. Wer nicht Kräfte oder Muth genug hat, einem langen Raifonnement zu folgen, der fpare fich die Mühe, die Lecture anzufangen; ich habe nicht für ihn gefchrieben.

Versuch

über

Verdienst und Tugend.

Erstes Buch.

Erster Theil.

Erster Abschnitt.

Religion und Tugend sind durch so manche
Bande vereinigt, daß man sie insgemein
als zwey unzertrennliche Gefährten betrachtet.
Eine Vereinigung, für die man so eingenommen
ist, daß man es kaum vergönnen will, in Reden
oder auch nur in Gedanken davon zu abstrahi-
ren. Gleichwohl zweifle ich, ob eben diese genaue
Vereinigung auch außer unsern Ideen statt finde, wenigstens fehlt es uns nicht an Beyspielen,
die dagegen zu seyn scheinen. Hat man nicht
Völker gesehen, die bey allem nur erdenklichen

Eifer für ihre Religion, in der äußerſten Verderbniß lebten, und keinen Schatten von Menſchlichkeit hatten: indeß daß andere, die ſo wenig
fromm zu ſcheinen ſuchten, daß man ſie für wahre Atheiſten hielt, die erhabnen Grundſätze der
Sittenlehre beobachteten, und uns durch ihre
Empfindſamkeit und großmüthiges Wohlwollen
für das menſchliche Geſchlecht nöthigten, ihnen
das Beywort der Tugendhaften zu geben. Ueberhaupt mag man uns von dem Eifer eines Menſchen für ſeine Religion noch ſo ſehr verſichern, ſo
bald wir etwas mit ihm zu verhandeln haben, ſo
fragen wir noch überdem nach ſeinem Charakter.
Er hat Religion, ſagſt du: aber hat er auch
Ehrlichkeit *)? Hätteſt du mir gleich zu verſte-

*) Man bemerke, daß hier von der Religion überhaupt
die Rede iſt. Wäre das Chriſtenthum ein allgemein an-
genommener Gottesdienſt, und man verſicherte dann, daß
einer ein guter Chriſt ſey, ſo wäre es vielleicht ungereimt, zu fragen, ob er auch ein ehrlicher Mann ſey; weil,
würde man ſagen, kein wahres Chriſtenthum ohne Redlichkeit ſeyn kann. Aber es giebt faſt eben ſo verſchiede-
ne Religionen als Staatsverfaſſungen, und, wenn wir
der Geſchichte glauben, ſo widerſtreiten ihre Lehren oft
den Grundſätzen der Moral; dieß iſt genug, meinen Gedanken zu rechtfertigen. Aber um ihn ſo evident als mög-

hen gegeben, daß er ein ehrlicher Mann sey, so
würde mir es nie eingefallen seyn, zu fragen, ob
er auch ein andächtiger wäre *). So großes
Gewicht haben in den Gemüthern der Menschen die moralischen Grundsätze.

Was ist dann also die moralische Tugend?
Was für Einfluß hat die Religion überhaupt auf
die Rechtschaffenheit? Bis auf welchen Grad setzt
sie Tugend voraus? Kann man mit Wahrheit
sagen, daß Atheisterey alle Rechtschaffenheit aus-

lich zu machen, so nehme man an, daß man uns in einer dringenden Verlegenheit an einen reichen Juden
wieß: wir wissen, daß ihm seine Religion erlaubt, von
einem Fremden Wucher zu nehmen; würden wir nun
wohl vortheilhaftere Bedingungen von ihm hoffen, wenn
man uns versicherte, daß er einer der eifrigsten Anhänger
des mosaischen Gesetzes sey? Und, alles wohl überlegt,
würde es unserm Interesse nicht weit zuträglicher seyn,
wenn er für einen sehr schlechten Juden gehalten würde,
ja, wenn ihn die Synagoge sogar in Verdacht einiges
Hanges zur christlichen Religion hätte?

*) Allenthalben, wo dieß Wort im bösen Verstande
gebraucht wird, muß man darunter, wie bey dem la Bruyere und Rochefaucault, einen Scheinheiligen verstehen;
ein Sinn, den eine lange und vielleicht gehäßige Verjäh-
rung festgesetzt hat.

ſchließe, und daß es unmöglich ſey, einige moraliſche Tugend zu haben, wenn man keinen Gott
erkennt? Dieſe Fragen ſind eine Folge von obi-
ger Bemerkung, und werden den Stof des erſten
Buchs ausmachen.

Dieſe Materie iſt faſt ganz neu, noch dazu
iſt die Unterſuchung derſelben ſchwer und erfodert Behutſamkeit. Man wundre ſich alſo nicht,
wenn ich eine etwas ſonderbare Methode dabey
beobachte. Die Freiheit einiger neuern Schriftſteller hat die Andächtigen in Unruhe geſetzt,
ſie ſind ſo erbittert und aufgebracht worden, daß
man ſogleich gegen einen Autor ſchreit, der, ſo
viel er auch zum Vortheile der Religion ſagen
mag, auch noch andern Grundſätzen einiges Gewicht beylegt. Auf der andern Seite werden
die ſchönen Geiſter und die Herrn nach der Mo-
de, die ſich gewöhnt haben, von der Religion
nichts als einige Misbräuche, den ewigen Stof
ihrer Spöttereyen, zu betrachten, ſich vor einer
ernſthaften Unterſuchung ſcheuen, (denn vor Den-
kern beben ſie ſtets zurück) und einen Menſchen,
der Unpartheylichkeit vorgiebt, und den Grundſätzen der Religion mit Achtung begegnet, für einen ſchwachen Kopf anſehen. Man darf nicht
mehr Schonung von ihnen erwarten, als man
ihnen wiederfahren läßt, und ich ſehe ſie feſt ent-

schloſſen, von der Moral ihrer Gegner eben ſo
viel Böſes zu denken, als ihre Gegner von der
ihrigen glauben. Die einen, wie die andern, würden an ihrer Sache zu Verräthern zu werden
glauben, wenn ſie nur einen Fuß breit Landes gewonnen gäben. Es wäre ein Wunderwerk, wenn
man die einen überredete, daß die Religion einiges Verdienſt habe, und die andern, daß die Tugend ſich nicht ganz allein auf ihrer Seite befin-
de. Da man auf dieſe Art auf beiden Seiten zu
weit geht, muß jeder, der für Religion und Tugend auftritt, und, indem er beider Macht und
Rechte beſtimmt, das gute Vernehmen zwiſchen
ihnen erhalten will, Gefahr laufen, eine ſehr verhaßte Rolle zu ſpielen *).

*) Ich habe zuweilen mich ſelbſt gefragt, warum alle
die Schriften, deren eigentlicher letzter Zweck es doch iſt,
den Menſchen zu einer unendlichen Glückſeligkeit zu führen, indem ſie ihnen ein Licht in übernatürlichen Wahrheiten aufſtecken, nicht ſo viel Nutzen ſtiften, als man
erwarten ſollte. Ich will unter mehreren Urſachen nur
zwey bemerken: die Bösartigkeit der Leſer, und die Ohnmacht des Schriftſtellers. Der Leſer, wenn er ein ge-
ſundes Urtheil über den Schriftſteller fällen wollte, müßte das Werk deſſelben mit Unterdrückung aller Leidenſchaften leſen; der Schriftſteller, wenn er ſeinen Leſer

Dem ſey wie ihm wolle, wenn wir zur Gewißheit gelangen und einiges Licht über dieſen
Verſuch zu verbreiten wünſchen, ſo können wir

zur Ueberzeugung bringen wollte, müßte durch eine völlige Unpartheylichkeit die Leidenſchaften des Leſers zum
Stillſchweigen bringen, von denen er mehr, als von ihrem Raiſonnement zu fürchten hat. Aber ein unpar-
theyiſcher Schriftſteller und ein billiger Leſer ſind, in
Abſicht der Materien, wovon hier die Rede iſt, faſt Hirn-
geſpinſte. Ich würde alſo allen denen, welche gegen Laſter und Gottloſigkeiten einen Kampf wagen wollen, zu-
rufen: Prüfet euch, ehe ihr ſchreibt. Entſchließt ihr
euch, die Feder zu ergreifen, ſo bringt in eure Schriften
ſo wenig Galle und ſo viel Vernunft, als ihr nur könnt.
Fürchtet nicht, eurem Gegner zu viel Verſtand zu geben.
Laßt ihn auf dem Kampfplatze mit aller Stärke, mit aller Geſchicklichkeit, mit aller Kunſt erſcheinen, deren er
fähig iſt. Wollt ihr, daß er ſich überwunden bekenne,
ſo greift ihn nicht als feigherzig an. Tretet ihm gerade
unter die Augen, und greifet ihn eben an den Stellen
an, wo er am ſtärkſten iſt. Koſtet es euch Mühe, ihn
niederzuwerfen, ſo gebt niemanden die Schuld als euch
ſelbſt; habt ihr euch eben ſo gut mit Waffen verſorgt, als
Abbadie und Ditton, ſo könnt ihr auch ohne Gefahr mit
eben der Freymüthigkeit auf dem Kampfplatze erſcheinen,
wie ſie. Habt ihr aber weder die Nerven noch die Rü-

nicht umhin, ein wenig weit auszuhohlen, und auf
die Quelle sowohl des natürlichen Glaubens, als
der willkührlichen Meynungen von der Gottheit,

stung jener Athleten, warum bleibt ihr nicht in Ruh?
Wißt ihr nicht, daß ein albernes Buch in dieser Gattung
in einem Tage mehr Unheil stiftet, als jemals das beste
Nutzen bringen kann? Denn so ist einmal die böse Den=
kungsart der Menschen, habt ihr nichts Tüchtiges vor=
gebracht, so wird man die Schuld auf die vertheidigte
Sache selbst schieben, und euch zu Ehren glauben, daß
sich nichts beßres davon sagen ließ. Indessen muß ich ge=
stehen, daß es Menschen giebt, die ausschweifend genug
sind, Atheisterey und Irreligion zu affektiren, bey denen
man also besser thäte, sie wegen ihrer lächerlichen Eitel=
keit zu beschämen, als sie förmlich zu bestreiten. Denn,
warum sollte man sie zu überzeugen suchen? Sie sind
eigentlich keine Ungläubigen. Nach dem Montagne
sollte man ihre Bekehrung bloß dem Arzte überlassen;
die Nähe der Gefahr wird sie aus der Fassung bringen.
„So große Narren sie sind, sagt er, so wenig Stärke ha=
„ben sie. Sie werden nicht ermangeln, ihre Hände gen
„Himmel zu falten, wenn ihr ihnen einen rechten Stoß
„mit dem Degen in die Brust versetzt; und haben Furcht
„und Krankheit jene brausende Hitze des flüchtigen Tem=
„peraments gemäßigt, so werden sie schon zu sich selbst
„kommen, und ganz geduldig den allgemeinen Glauben

zurückzugehn. Kommen wir glücklich durch den
dornigten Anfang unſrer Bahn hindurch, ſo können wir hoffen, daß der übrige Theil leicht und
angenehm ſeyn werde.

„und das öffentliche Beyſpiel operiren laſſen. Ein ande-
„res ſind ernſtlich durchdachte Lehrſätze, ein anderes jene
„flüchtigen Eindrücke, die durch die Ausſchweifungen ei-
„nes zügelloſen Witzes entſtehen, und auf Gerathewohl
„in der Phantaſie hin und her ſchwimmen. Elende und
„hirnloſe Menſchen, die ſich bemühen, ſchlimmer zu ſeyn,
„als ſie können!“ Man muß in dieſem Gemälde offenbar eine große Menge von Religionsſpöttern erkennen,
und es wäre vielleicht zu wünſchen, daß es auf alle paßte.
Giebt es aber redliche Zweifler, wie die Menge derer ihnen entgegengeſetzten dogmatiſchen Schriften nicht zweifeln läßt, ſo erfodert es das Intereſſe und ſelbſt die Ehre
der Religion, daß nur Genies von mehr als gemeiner Art
jene zu beſtreiten unternehmen. Was die übrigen betrifft,
die eben ſo viel und zuweilen noch mehr Eifer bey geringern Einſichten beſitzen können, ſo ſollten ſie ſich begnügen, während des Kampfes die Hände gen Himmel zu
erheben; und dieſe Parthey würde ich gewiß auch ergrif-
fen haben, wenn ich nicht den Schriftſteller, auf den ich
mich bey jedem Schritte ſtütze, für einen der außeror-
dentlichen Menſchen hielte, die der Würde der Sache,
ſo ſie zu vertheidigen haben, gewachſen ſind.

Zweyter Abschnitt.

Entweder ist in der Welt alles der guten Ordnung gemäß, oder es giebt Dinge darinn, die geschickter hätten gebildet, weiser geordnet, und zum allgemeinen Vortheil der einzeln Wesen und des Ganzen besser eingerichtet werden können.

Ist alles der guten Ordnung gemäß, trägt alles zum allgemeinen Wohl bey, ist alles aufs Beste eingerichtet, so giebt es kein absolutes Uebel in der Welt, keins in Beziehung aufs Ganze.

Alles, was so beschaffen ist, daß es nicht besser seyn kann, ist vollkommen gut.

Giebt es in der Natur irgend ein absolutes Uebel, so ist es möglich, daß es etwas beßres gebe; wo nicht, so ist alles vollkommen und so wie es seyn soll.

Giebt es etwas absolut böses, so ist es entweder mit Vorsatz hervorgebracht, oder von Ungefähr entstanden.

Ist es mit Vorsatz hervorgebracht, so ist entweder der ewige Urheber nicht der einzige, oder er ist nicht vollkommen. Denn wäre er vollkommen, so gäbe es kein absolutes Uebel; oder wenn es ein absolutes Uebel giebt, so muß es ein andrer verursacht haben.

Erster Theil.   C

Hat das Ohngefähr in der Welt irgend ein absolutes Uebel hervorgebracht, so ist der Schöpfer der Natur nicht die Ursache von allem. Folglich, wenn man ein verständiges Wesen annimmt, das nur die Ursache des Guten seyn soll, das aber das absolute Uebel, welches ein Ungefähr oder ein andres verständiges Principium neben ihm hervorgebracht, entweder nicht verhindern können, oder nicht verhindern wollen, so ist ein solches Wesen ohnmächtig und mangelhaft. Denn ein absolutes Uebel nicht hindern können ist Ohnmacht, nicht hindern wollen, wenn man kann, ist böser Wille.

Das allmächtige Wesen in der Natur, von dem man annimmt, daß es sie mit Weisheit und Güte regiere, dieses haben die Menschen einmüthig Gott genannt.

Giebt es in der Natur mehrere ähnliche höhere Wesen, so sind das eben so viel Götter.

Ist dieß höhere Wesen, vorausgesetzt, daß es nur ein einziges gebe, oder sind diese höheren Wesen, vorausgesetzt, daß es ihrer mehrere giebt, nicht wesentlich gut, so nennt man sie Dämonen.

Glauben, daß alles aufs beste von einem einzigen wesentlich guten und denkenden Wesen geschaffen und geordnet worden, und noch re

giert werde, das heißt, ein vollkommner Theist
seyn. *)

In der Natur keine andre Ursache, keine andre Quelle der Wesen anerkennen, als das Ungefähr; läugnen, daß ein höchstes denkendes Wesen alles zu irgend einem allgemeinen oder besondern Nutzen geschaffen, geordnet, eingerichtet
habe, das heißt ein vollkommner Atheist seyn.

Mehrere höhere denkende Wesen annehmen,
die alle wesentlich gut sind, das heißt ein Poly-
theist seyn.'

Behaupten, daß alles von einem, oder mehrern eigensinnigen denkenden Wesen regiert wird,
die, ohne Rücksicht auf die Ordnung, keine andre Gesetze haben, als ihren nicht wesentlich guten
Willen, das heißt ein Dämonist seyn.

Es giebt wenig Köpfe, die über eine so tief-
sinnige Materie, als die allgemeine Grundursa-
che der Dinge und die allgemeine Einrichtung der
Welt ist, zu jeder Zeit unveränderlich bey einerley

---

*) Man hüte sich sehr, dieses Wort mit dem Worte
Deist zu verwechseln. Man sehe den Traktat über die
wahre Religion vom Herrn Abt Delachambre, Doktor
der Sorbonne, nach, wenn man von dem Unterschiede
des Theismus und Deismus gründlich unterrichtet seyn
will.

Hypotheſe geblieben wären. Selbſt die frömmſten
Perſonen geſtehen *), daß in gewiſſen Augenblicken
alle ihr Glaube kaum zureicht, ſie in der Ueberzeugung von einem höchſten verſtändigen Weſen
zu erhalten; daß es Umſtände giebt, wo ſie, er-
ſtaunt über die anſcheinenden Mängel in der Regierung der Welt, in heftige Verſuchungen gerathen, von der Vorſehung nachtheilig zu urtheilen.

Was giebt man für die Meynung eines
Menſchen aus? Diejenige, die ihm zur Gewohnheit geworden, und auf die er immer wieder zu-
rückkömmt: nicht die Gedanken, von denen er
nie abgewichen iſt, und die wir ſeine Empfindung nennen wollen. Wer kann alſo gewiß behaupten, daß ein Menſch, der nicht ganz ein
Dummkopf iſt, ein vollkommner Atheiſt ſey? Denn,
wenn nicht alle ſeine Gedanken zu jeder Zeit, bey
jeder Gelegenheit, ſich gegen alle Idee, alle Vorſtellung, alle Vermuthung eines höhern denkenden Weſens empören, ſo iſt er kein vollkommner
Atheiſt. Eben ſo, wenn man nicht beſtändig von
aller Idee eines Ungefährs, oder eines böſen Genius, entfernt bleibt, ſo iſt man kein vollkommner
Theiſt. Die herrſchende Geſinnung beſtimmt den
Zuſtand der Seele. Jeder, der minder Ordnung

*) Pene moti ſunt pedes mei, pacem peccatorum videns.
David in Pſalm.

als Ungefähr und Verwirrung in der Welt wahrnimmt, ist mehr Atheist, als Theist. Jeder, der
deutlichere Spuren von einem bösen, als von einem guten Genius in der Welt bemerkt, ist minder Theist, als Dämonist. Aber alle diese Sy-
stematiker werden ihre Benennung bekommen,
nach dem sich ihr Geist bey seinem Hin und Her-
schwanken mehr und öfter auf diese als auf jene
Seite geneigt hat.

Aus der Mischung dieser Meynungen entspringt
eine große Menge andrer, die alle unter sich ver-
schieden sind *).

---

*) Theismus kann verbunden werden mit Dämonis-
mus, Dämonismus mit Polytheismus, Deismus mit
Atheismus, Dämonismus mit Atheismus, Polytheismus mit Atheismus, Theismus mit Polytheismus,
Theismus oder Polytheismus mit Dämonismus oder
mit Dämonismus und Atheismus. Dieß geschieht, wenn
man annimmt:

Einen Gott, dessen Wesen gut und böse ist; oder
zwey Grundursachen, die eine für das Gute, die andre
für das Böse.

Oder mehrere höchste und bösartige Wesen, welches
man eigentlich Polydämonismus nennen könnte.

Oder, wenn man die Herrschaft der Welt unter Gott
und das Ungefähr theilt.

C 3

Der Atheismus allein ſchließt alle Religion aus. Der vollkommne Dämoniſt kann einen Gottesdienſt haben. Wir kennen ſogar ganze Nationen, die einen Teufel anbeten, dem die bloſe Furcht ihre Gebete, ihre Gaben, und Opfer zuwegebringt; und wir wiſſen wohl, daß man in einigen Religionen Gott blos als ein jähzorniges, despotiſches, eigenſinniges Weſen betrachtet, das ſeine Geſchöpfe zu einem unvermeidlichen Unglück, ohne Rückſicht auf Verdienſt und Unverdienſt, beſtimmt, das heißt, daß man einen Teufel auf die Altäre erhebt, wo man einen Gott anzubeten meynt.

Auſſer den Anhängern der mancherley Meynungen, deren wir gedacht haben, wollen wir

Oder, wenn man die Welt vom Ungefähr und einem böſen Genius regieren läßt.

Oder, wenn man mehrere böſe denkende Weſen annimmt, ohne das Ungefähr auszuſchließen.

Oder, wenn man ſich einbildet, die Welt ſey geſchaffen und regieret von mehrern denkenden Weſen, die alle wohlthätig ſind.

Oder, wenn man mehr höhere ſowohl gute als böſe denkende Weſen glaubt.

Oder, wenn man meynt, daß die Regierung der Dinge zwiſchen mehrern ſowohl guten als böſe denkenden Weſen und dem Ungefähr getheilt ſey.

weiter bemerken, daß es viele Menschen giebt, die
aus Scepticismus, aus Unthätigkeit, oder aus
Mangel an Einsichten sich für keine entschieden
haben.

Nachdem wir alle diese Systeme bestimmt
haben, so bleibt uns nun die Untersuchung übrig,
wie jedes System insbesondre, und selbst jene
Unentschloßenheit, sich mit der Tugend vertragen,
und in wie weit sie mit einem redlichen und moralischen Charakter bestehen können.

Zweyter Theil.

Erster Abschnitt.

Wenn ich meine Augen auf die Werke eines
Künstlers, oder auf irgend ein gewöhnliches
Werk der Natur richte, und in mir selbst empfin-
de, wie schwer es ist, ohne eine tiefe Kenntniß
des Ganzen, von den Theilen mit Genauigkeit
zu reden; so erstaune ich nicht über die Unvollkommenheit unsrer Untersuchungen über die Welt,
diesem Meisterstücke der Natur. Indessen, durch
anhaltende Beobachtung und Studium, durch
fleißige Vergleichung der Verhältnisse und der
Formen, wornach die meisten Geschöpfe, die uns
umgeben, gebildet sind, sind wir so weit gekommen, daß wir dieß und jenes von ihrem Gebrau-

C 4

che beſtimmen können. Aber was iſt der eigene
beſondre Zweck dieſer Geſchöpfe? Ja, ſogar im
Allgemeinen, wozu nützt von manchen unter ihnen die ganze Gattung? Dieß werden wir vielleicht nie ergründen. Indeſſen —

Wir wiſſen, daß jedes Geſchöpf ſein Privatintereſſe, ſeine ihm eigne Glückſeligkeit hat, nach welcher
es mit allen Kräften ſtrebt; eine vernünftige Neigung, die ihren Urſprung in dem Eigenthümlichen
ſeiner natürlichen Beſchaffenheit hat. Wir wiſſen,
daß ſein relativer Zuſtand gegen andre Weſen
gut oder böſe iſt, daß es nach dem guten trachtet, und daß ihm der Schöpfer den Beſitz davon
erleichtert hat. Hat nun aber jedes Geſchöpf ein
beſondres Gut, ein eignes Intereſſe, einen Zweck,
worauf alle Vorzüge ſeiner Einrichtung von
Natur gerichtet ſind; und bemerke ich in den Leidenſchaften, Geſinnungen, Neigungen eines Ge-
ſchöpfs etwas, wodurch es von ſeinem Zweck
entfernt wird, ſo werde ich behaupten, daß es
böſe und übel beſchaffen ſey. In Rückſicht ſeiner ſelbſt iſt dieß offenbar. Weiter, wenn dieſe Geſinnungen, dieſe Begierden, die es von ſeinem natürlichen Zweck entfernen, auch noch dem
Zweck eines Individuums ſeiner Gattung widerſtreiten, ſo werde ich hinzuſetzen, daß es böſe
und übel beſchaffen auch in Rückſicht auf andre

sey. Endlich, wenn die nämliche Unordnung in
seiner natürlichen Beschaffenheit, wodurch es
böse in Ansehung anderer wird, es auch in Ansehung seiner selbst böse machte; wenn die
nämliche Lenkung seiner Leidenschaften, die es
in Ansehung seiner selbst gut macht, die nämliche Wirkung im Verhältniß gegen seines Gleichen thäte: so würde es in diesem Falle seinen
eignen Vortheil in eben der Güte finden, wodurch
es andern Gutes thäte; und in diesem Verstande
kann das Privatinteresse sich mit der moralischen
Tugend vertragen.

Wir werden diesen Punkt in dem letzten
Theile dieses Versuches von Grund aus untersuchen. Jetzt ist unser Geschäft, zu erforschen,
worinnen die Eigenschaft bestehe, die wir mit
dem Namen Güte belegen. Was ist Güte?

Wenn uns ein Geschichtschreiber oder ein
Reisender eine Beschreibung von einem ganz einzigen Geschöpfe machte, das keines über sich, neben sich und unter sich hätte, das vor allem gesichert wäre, was seine Leidenschaften rege machen könnte, mit einem Worte, das das einzige
in seiner Gattung wäre, so würden wir ohne Bedenken sagen, dieses sonderbare Geschöpf müsse in eine schreckliche Melancholie versinken;
denn was für Freude könnte es wohl in der

Welt haben, die für daſſelbe nur eine ungeheure Wüſte ſey. Wenn man aber hinzuſetzte,
daß, trotz alles Anſcheins, dieſes Geſchöpf das
Leben genieße, das Glück des Daſeyns em-
pfinde, und ſein Glück in ſich ſelbſt finde:
dann könnten wir einräumen, daß es nicht ganz
ein Ungeheuer, und daß, in Beziehung auf ſich
ſelbſt, ſeine natürliche Einrichtung nicht ganz
ungereimt ſey; aber wir würden es deswegen noch kein gutes Weſen nennen. Wenn man
indeſſen darauf beſtünde, und uns einwendete, daß
es in ſeiner Art vollkommen ſey, und daß wir
ihm folglich mit Unrecht den Beynamen des
Guten verweigerten; denn, es liege nichts
daran, ob es etwas mit andern zu ſchaffen
habe oder nicht: ſo müßten wir endlich frey
bekennen und einräumen, daß das Weſen gut
ſey; wenn es anders möglich, daß es an
ſich ſelbſt vollkommen ſeyn könne, ohne in
dem geringſten Verhältniß mit der Welt zu
ſtehen, in die es geſetzt worden. Entdeckte man
aber in der Länge endlich ein Syſtem in der Natur, wovon man dieſes lebende Automaton als
einen Theil anſehen könnte, ſo würde es ſogleich
den Titel des Guten, womit wir es beehrt hatten, verlieren. Denn wie ſollte der einem Individuum gebühren, das durch ſeine Einſamkeit

und Unthätigkeit, geradezu auf den Untergang
seiner Gattung gerichtet wäre *)?

*) Göttlicher Anachoret, unterbrich einen Augenblick
den Tiefsinn deiner Meditationen, und würdige einen
armen Weltlichgesinnten (der sich eine Ehre daraus
macht, es zu seyn) aus dem Irrthume zu helfen. Ich
habe Leidenschaften, und es sollte mir sehr leid thun,
wenn ich sie nicht hätte; mit dem größten Feuer liebe
ich meinen Gott, meinen König, mein Vaterland, meine
Verwandten, meine Freunde, meine Gebieterinn, und
mich selbst.

Ich mache viel aus Reichthümern; ich habe ihrer
viel, und wünsche noch mehrere: kann ein Wohlthätiger
ihrer je genug haben? Wie gerne möchte ich dieses Genie, das vor meinen Augen verschmachtet, ermuntern,
diese Liebende, welche die Dürftigkeit von der ehelichen
Verbindung abhält, vereinigen, diesem arbeitsamen Han-
delsmanne durch meine Freigebigkeit sein erlittnes Unglück ersetzen! Ich mache täglich nur einen Undankba-
ren; o daß ich ihrer nicht hundert machen kann! Mei-
nem guten Auskommen verdankst du, fanatischer Heiliger, das Brod, das dir dein Almosensammler bringt!

Ich liebe die ehrbaren Vergnügungen; ich trenne
mich von ihnen so wenig, als nur möglich; ich suche sie
an einem minder kostbaren als schmackhaften Tische, bey
mehr unterhaltenden als eigennützigen Spielen, die ich

Wenn ich aber in dem Baue dieſes Thieres,
oder eines jeden andern, Bande gewahr werde,
die es mit andern bekannten und von ihm unter-
ſchiednen Weſen verknüpfen; wenn ſeine Bildung
mir ſogar Verhältniſſe mit andern Gattungen
außer der ſeinigen anzeigt: ſo werde ich behaupten, daß es einen Theil irgend eines Syſtems
ausmacht. Iſt es zum Beyſpiel männlich, ſo
hat es vermöge dieſer Eigenſchaft eine Beziehung auf das weibliche Geſchöpf; und die rela-

unterbreche, um das Unglück der Andromacha zu bewei-
nen, oder die ſeltſamen Einfälle der Miſantropen zu be-
lachen. Ich werde mich wohl hüten, ſie durch ſchwer-
müthige Betrachtungen zu verbannen; Furcht und Unruhe mögen ohne Aufhören das Laſter verfolgen! Hoffnung und Ruhe, die unzertrennlichen Gefährten der Gerechtigkeit, werden mich bis an den Rand des Abgrunds
leiten, den der weiſe Urheber meiner Tage durch die
Blumen, womit er ihn bedeckt, meinen Augen verbor-
gen hat; und unerachtet der Sorgfalt, womit ihr euch
auf einen Augenblick vorbereitet, den ich ſorglos erwarte, zweiſle ich, daß euer Ende ſanfter und glücklicher
ſeyn wird, als meines. Wenn ja einem von uns beiden
ſein Gewiſſen vorwerfen ſollte, ſeinem Vaterlande, ſeiner
Familie, ſeinen Freunden nichts genützt zu haben, ſo
fürchte ich nicht, daß ich es ſeyn werde.

tive Bildung des männlichen und des weiblichen kündigt eine neue Kette von Wesen, eine neue Reihe von Dingen an. Eine Reihe nämlich von einer besondern Art oder Gattung Geschöpfe, die einen gemeinschaftlichen Stamm haben; einer Gatrung, die sich auf Unkosten mehrer Klassen, die für sie bestimmt sind, vermehrt und ewig erhält.

Folglich, wenn eine ganze Thiergattung zur Erhaltung oder dem Wohlseyn einer andern Gattung beyträgt; so ist die aufgeopferte Gattung nur ein Theil eines andern Systems.

Das Daseyn der Fliege ist zur Erhaltung der Spinne nothwendig; auch bestimmen der unvorsichtige Flug, der zarte Bau und die subtilen Glieder des einen dieser Insekten es nicht weniger offenbar zum Raube, als die Stärke, die Wachsamkeit und die Geschicklichkeit des andern es zum Räuber bestimmen. Die Gewebe der Spinne sind für die Flügel der Fliege gemacht.

Kurz, das wechselseitige Verhältniß ist bey den Gliedern des menschlichen Körpers, und das Verhältniß der Blätter zu den Zweigen und der Zweige zum Stamm ist bey dem Baume nicht besser bestimmt, als durch die Bildung und den Charakter dieser Thiere ihr wechselseitiges Verhältniß bestimmt ist.

Die Fliegen dienen auch noch zur Erhaltung
der Fiſche und der Vögel; die Fiſche und Vögel
wieder zur Erhaltung einer andern Gattung. So
vereinigen ſich unzählliche verſchiedne Syſteme,
und ſtützen ſich, ſo zu reden, eins auf das andere,
um nur eine einige Reihe von Dingen zu bilden.

Alle Thiere machen zuſammen ein Syſtem
aus, und dieſes Syſtem iſt mechaniſchen Geſetzen
unterworfen, nach denen alles, was dazu gehört,
berechnet iſt.

Wenn nun das Syſtem der Thiere ſich mit
dem Syſtem der Pflanzen, und dieſes mit dem
Syſtem der andern Weſen, die die Oberfläche unſrer Erdkugel bedecken, vereinigt, um zuſammen
das Syſtem der Erde auszumachen; wenn die
Erde ſelbſt in bekannten Verhältniſſen mit der
Sonne und den Planeten ſteht: ſo muß man ſagen, daß alle dieſe Syſteme nur Theile eines Syſtems von größrem Umfang ſind. Endlich,
wenn die ganze Natur nur ein einiges großes
Syſtem iſt, das alle andre Weſen in ſich begreift;
ſo wird unter allen dieſen Weſen keins ſeyn, das
nicht gut oder böſe in Beziehung auf das große
Ganze wäre, wovon es ein Theil iſt *).   Denn,

---

*) In der Welt iſt alles verbunden. Dieſe Wahrheit
war einer der erſten Schritte der Philoſophie, und ein
Rieſenſchritt. Ac mihi quidem veteres illi majus quiddam

ift ein einzelnes Wesen überflüßig oder an der
unrechten Stelle, so ist das eine Unvollkommen-

animo complexi, multo plus etiam vidiſſe videntur,
quam quantum noſtrorum acies intueri poteſt; qui omnia
haec, quae ſupra et ſubter, vnum eſſe et vna vi atque
vna conſenſione naturae conſtricta eſſe dixerunt. Nullum eſt enim genus rerum, aut quo caetera ſi careant,
vim ſuam atque aeternitatem conſeruare poſſint, CICERO
Lib. III. de Orat. Alle Entdeckungen der neuern Philoſophen vereinigen ſich, denſelben Satz zu beſtätigen.
Alle Urheber der Syſteme, ſelbſt den Epikur nicht ausgenommen, ſetzten ihn voraus, wenn ſie die Welt als eine
Maſchine betrachteten, deren Zuſammenſetzung ſie zu erklären und deren geheime Triebfedern ſie zu entwickeln
hätten. Je weiter man in die Natur eindringt, deſto
mehr Verbindung wird man gewahr: Es fehlt uns nichts,
als eine der Menge der Theile und der Größe des Ganzen gemäße Einſicht und Erfahrung, um zu einem voll-
ſtändigen Beweiſe dieſes Satzes zu gelangen. Da aber
das Ganze unermeßlich, da die Anzahl der Theile unendlich iſt; dürfen wir uns wundern, wenn uns dieſe Verbindung oft entwiſcht? Was für Grund hat man daraus zu ſchließen, daß ſie nicht vorhanden ſey? Ich ſehe
nicht ein, wie dieß und jenes, der und jener Gattung
nachtheilige Phänomen, vermöge der allgemeinen Ordnung der Dinge, einer andern Gattung vortheilhaft ſeyn

heit und folglich ein abſolutes Uebel in dem allgemeinen Syſtem.

Iſt ein Weſen abſolut böſe, ſo iſt es dieß in
Beziehung auf das allgemeine Syſtem, und dieſes Syſtem iſt unvollkommen. Dient aber das
Uebel eines beſondern Syſtems zum Beſten eines
andern; trägt dieß ſcheinbare Uebel zum allgemeinen Beſten bey, wie, zum Beyſpiel, wenn eine
Gattung ſich durch die Zerſtörung einer andern
erhält, wenn durch die Verweſung des einen

ſollte; folglich iſt die allgemeine Ordnung eine Schimäre.
So ſchließen die, welche die Einrichtung der Natur tadeln. Hier iſt nun auch die Antwort und das Raiſonnement derer, die ſie vertheidigen: Ich bin im Stande,
zu beweiſen, daß in tauſend Fällen das, was für die eine
Klaſſe böſe iſt, durch eine wundervolle Wirkung der allgemeinen Ordnung für eine andre gut wird. Habe ich
alſo dieſelbe offenbare Gewißheit nicht in Anſehung ähnlicher Phänomene, ſo iſt das kein Beweis für den Mangel der Ordnung, ſondern bloß für die Schwäche meiner
Einſichten; folglich iſt die allgemeine Ordnung der Dinge darum nicht minder gegründet und vollkommen. Die
Vermuthung der letztern iſt ſo billig, und der Schluß,
den die erſtern aus ihrer Unwiſſenheit ziehen ſo kühn, daß
man wohl nicht zweifeln kann, welche Parthey man ergreifen ſoll.

Dings ein andres entwickelt wird, wenn der eine Wirbel sich in dem andern benachbarten verliert; so ist dieß besondre Uebel kein absolutes, eben so wenig, als ein Zahn, der mit Schmerzen durchbricht, ein wahres Uebel in einem Körper ist, den dieses scheinbare Uebel zur Vollkommenheit bringt.

Wir wollen uns also vor dem Ausspruche hüten, daß ein Wesen absolut böse sey, wenn wir nicht im Stande sind, zu beweisen, daß es in gar keinem Systeme gut sey *).

*) Was wird also aus den Manichäern mit der angeblichen Nothwendigkeit ihrer beiden Grundursachen? Worauf laufen die Vorwürfe hinaus, die die Atheisten der Natur machen? Hört man sie so entscheidend sprechen, so sollte man glauben, sie wären in alle ihre Geheimnisse eingeweiht, sie hätten eine vollkommne Kenntniß aller Werke der Natur, und könnten sich nur ans Ruder setzen und alles statt ihrer verrichten. Sie wollen es nicht einsehn, daß sie in Rücksicht auf das Weltgebäude sich in einem viel schlimmern Falle befinden, als worinn sich ein Mexikaner befinden würde, der, ohne etwas von Schiffarth, von der Natur des Meers, von den Eigenschaften des Windes und des Wassers zu wissen, mitten auf einem Schiffe erwachte, das auf einer hohen

Erster Theil.   D

Wenn man in der Natur eine Gattung von Weſen bemerkte, die jeder andern zum Nachtheil gereichte, ſo würde dieſe in Anſehung des allgemeinen Syſtems böſe Gattung auch böſe an ſich ſelbſt ſeyn. Eben ſo wird unter jeder Gattung von Thieren, zum Beyſpiel unter dem menſchlichen Geſchlecht, ein Individuum, das einen für alle ſeines gleichen verderblichen Charakter hat, in ſeiner Art böſe genennt zu werden verdienen.

Ich ſage, das einen verderblichen Charakter hat. Denn ein böſer Menſch iſt weder der, deſſen Körper mit der Peſt behaftet iſt, noch der, der in einem hitzigen Fieber ſich losreißt, und je-

See durch eine völlige Windſtille in ſeinem Laufe aufgehalten würde. Was würde er denken, wenn er eine ſolche ſchwere Maſchine auf einem flüßigen Elemente ſchweben ſähe? Und was würde man von ihm denken, wenn er die Anker, die Segel, die Maſten, die Leitern, die Stangen, und den ganzen Vorrath von Tauwerk als unbequeme und überflüßige Laſten betrachtete, weil er keine Kenntniß von ihrem Nutzen hätte? Geziemte es ihm nicht vielmehr, ſo lange, bis er beſſer unterrichtet wäre, (und ſollte er es auch nie vollkommen werden) nach den Verhältniſſen der wenigen Theile, die er begreiffen kann, vortheilhafter von dem Werkmeiſter und vom Ganzen zu urtheilen?

den, der es wagt ihm nahe zu kommen, schlägt
und verwundet. Aus dem nämlichen Grunde nen-
ne ich den keinen ehrlichen Mann, der niemanden etwas zu Leide thut, weil man ihm Hände
und Füße zusammen gebunden hat, oder, welches ziemlich einerley ist, der seine böse Absichten
nur aus Furcht vor einer Strafe oder aus Hoffnung einer Belohnung fahren läßt.

Bey einem vernünftigen Geschöpf ist alles,
was nicht aus innerm Triebe geschieht, weder
böse noch gut; der Mensch ist nur dann gut oder
böse, wenn der Vortheil oder Nachtheil des Systems, wozu er gehört, der unmittelbare Gegenstand der Leidenschaft ist, die ihn reitzt.

Da also die Neigung allein das Geschöpf böse oder gut, seiner Natur gemäß oder ausgeartet
macht; so wollen wir nun untersuchen, welches
die natürlichen und guten, und welches die seiner Natur widerstreitenden und bösen Neigungen sind.

Zweyter Abschnitt.

Zuerst bemerke man, daß jede Neigung, die ein
eingebildetes Gut zum Gegenstand hat, indem sie
überflüßig ist, und die Kraft derer schwächt, die
uns zu wahren Gütern reitzen, an sich fehlerhaft

D 2

und in Rückſicht auf das beſondere Intereſſe und das Glück der Kreatur böſe iſt.

Könnte man annehmen, daß eine von den Neigungen, welche die Kreatur zu ihrem beſondern Intereſſe antreibt, in ihrer gehörigen Stärke, mit dem allgemeinen Beſten ſtreite, ſo würde eine ſolche Neigung fehlerhaft ſeyn. Nach dieſer Vorausſetzung könnte alſo eine Kreatur nicht ihrer Natur gemäß handeln, ohne in der Geſellſchaft böſe zu ſeyn; oder das Beſte der Geſellſchaft befördern, ohne ſeiner Natur zuwider zu handeln. Iſt aber der Hang zu ihrem Privatintereſſe der Geſellſchaft nur ſchädlich, wenn er übertrieben wird, und nie, wenn er gemäßigt bleibt: ſo wird man dann ſagen, die Uebertreibung habe eine Neigung fehlerhaft gemacht, die ihrer Natur nach gut war. Jede Neigung alſo, die die Kreatur zu ihrem Privatnutzen antreibt, muß, um fehlerhaft zu werden, dem öffentlichen Intereſſe ſchädlich ſeyn. Dieß iſt der Fehler, welcher den Eigennützigen charakteriſirt, ein Fehler, gegen den man ſo heftig eifert *), wenn er gar zu merklich wird.

*) Alle moraliſche Schriften ſind voll von unbeſtimmten Deklamationen gegen das Intereſſe. Man häuft eine Menge einzelner Beweiſe, macht Eintheilungen und Unterabtheilungen, um zu dem räßelhaften Schluſſe zu

Wenn aber die Liebe des eignen Vortheils bey der Kreatur dem allgemeinen Besten nicht widerstreitet, so eingeschränkt sie auch auf sie selbst seyn mag; wenn es sogar der Gesellschaft wichtig ist, daß jedes ihrer Glieder sich ernstlich mit dem beschäftige, was dasselbe insbesondre

gelangen, so groß auch die scheinbare Uneigennützigkeit, so groß der anscheinende Edelmuth sey, womit die Menschen prangen, so seyen doch im Grunde Interesse und Eigenliebe die einzigen Triebfedern ihrer Handlungen. Wenn diese Schriftsteller, anstatt nach Witz zu haschen und schöne Redensarten zusammen zu setzen, mit richtigen Definitionen angefangen und uns lieber erst gesagt hätten, was Interesse sey, was sie unter Eigenliebe verstehen, so könnten dann ihre Werke einigen Nutzen haben. Denn wir sind alle einig, daß eine Kreatur sich selbst lieben, auf ihren Vortheil bedacht seyn und ihr zeitliches Glück verfolgen kann, ohne daß sie aufhört tugendhaft zu seyn. Es kömmt also nicht darauf an, zu wissen, ob wir aus Eigenliebe oder aus Interesse gehandelt haben; sondern zu bestimmen, wann wir dadurch den Zweck, den jeder Mensch sich vorsetzt, das heißt, unsre wahre Glückseligkeit beförderm. Das größte, was menschliche Klugheit vermag, ist, sich selbst zu lieben, seinen Vortheil zu verstehen, sein Glück gehörig zu kennen.

D 3

angeht: ſo iſt dieſe Geſinnung ſo wenig fehlerhaft, daß die Kreatur nicht gut ſeyn kann, wenn
ſie nicht davon durchdrungen iſt. Denn, wenn
ſeine eigne Erhaltung vernachläßigen eben ſo viel
iſt, als der Geſellſchaft Schaden thun: ſo würde dieſe übertriebne Uneigennützigkeit die Kreatur
eben ſo ſehr, als der Mangel jeder andern natürlichen Neigung, böſe und unnatürlich machen. Ein
Ausſpruch, den man ohne Bedenken thun würde, wenn man einen Menſchen ſähe, der die Augen vor einem Abgrunde, der ſich unter ihm er-
öffnete, zuſchlöſſe, oder der, ohne Rückſicht auf
ſein Temperament und ſeine Geſundheit, den Unterſchied der Jahrszeiten und der Kleidungen
nicht achten wollte. Das nämliche Verdam-
mungsurtheil kann man über jeden fällen, der
einen Abſcheu vor dem Umgange mit dem andern Geſchlecht hegte, und den ein verkehrtes
Temperament, und nicht ein Fehler in ſeinem
körperlichen Bau, zur Fortpflanzung ſeines Geſchlechts untüchtig machte.

Die Liebe des Privatintereſſe kann alſo gut
oder böſe beſchaffen ſeyn. Wenn dieſe Leidenſchaft zu lebhaft iſt, wenn, zum Beyſpiel, die Liebe des Lebens uns zu einer edelmüthigen Handlung unfähig macht, ſo iſt ſie fehlerhaft, und
folglich iſt die Kreatur ſelbſt, in der ſie herrſcht,

mehr oder weniger böse. Derjenige also, der aus
einer übertriebnen Lust zum Leben von ungefähr
etwas Gutes thäte, würde sich durch dieses Gute eben so wenig Verdienst erwerben, als ein
Advokat, der nur an die Gebühr denkt, selbst
alsdann hat, wenn er die Sache der Unschuld
vertheidigt; oder als ein Soldat, der, in dem
gerechtesten Kriege, nur ficht, weil er den Sold
bekömmt.

Was man auch der Gesellschaft für einen
Vortheil verschaft haben mag, so liegt das Verdienst allein im Bewegungsgrund. Man mache sich durch große Thaten so berühmt, als man
wolle; man ist immer noch lasterhaft, wenn
man nur aus eigennützigen Gründen handelt.
Man betreibe seinen Privatvortheil mit aller
möglichen Mäßigung; wenn es wiederum Eigennutz war, warum man seinem Geschlechte
das leistete, was man ihm aus natürlicher Zuneigung hätte leisten sollen: so ist man dennoch
nicht tugendhaft.

In der That, was für fremde Hülfe uns
auch sonst zum Guten mag geneigt gemacht,
was uns auch sonst in Ueberwindung unsrer
verkehrten Neigungen mag beygestanden haben;
so lange wir jenen Charakter behalten, können wir uns keine wahre Güte beylegen. Man

ist nicht eher gut, als bis man das Gute aus Neigung und von Herzen thut.

Wenn von ungefähr eine der sanften, zahmen und menschenfreundschaftlichen Kreaturen einen ihrer natürlichen Einrichtung entgegengesetzten Charakter äußerte, wild und grausam würde; so würde man unfehlbar über dieses Phänomen sehr erstaunen, und über ihre Ausartung eifern. Nun wollen wir setzen, daß Zeit und Mühe ihr die zufällige Wildheit benähmen, und sie zu der Sanftheit, die ihrem Geschlecht eigen wäre, zurückbrächten; so würde man sagen, daß diese Kreatur wieder in ihren natürlichen Zustand getreten wäre. Wäre aber diese Genesung nur Verstellung, verfiele das heuchlerische Thier wieder in seine vorige Bosheit, sobald es sich nicht mehr vor seinem Kerkermeister fürchtete: würde man dann wohl sagen, daß Sanftmuth sein wahrer, sein natürlicher Charakter sey? Ganz gewiß nicht! Sein Temperament ist noch immer, wie es war, und das Thier ist stets böse.

Folglich hat die thierische Güte oder thierische Bosheit einer Kreatur *) ihren Grund in

---

*) Es giebt drey Gattungen von Güte. Eine Güte des Wesens, das heißt, eine gewisse Uebereinstimmung der Eigenschaften, welche eine Sache zu dem macht, was sie ist. Die Philosophen nennen es bonitas entis.

ihrem wirklichen Temperamente. Die Kreatur wird also in diesem Verstande gut seyn, wenn sie

Eine thierische Güte, das ist, eine gewisse Einrichtung der Leidenschaften, welche jede empfindende und wohlbeschaffene Kreatur von der Natur empfängt. In dem Verstande meynt man von einem Jagdhunde, wenn man ihn gut heißt, daß er weder feig noch tückisch, weder zu langsam noch zu hitzig, weder furchtsam noch ungelehrig; sondern munter, klug, und schnell gehorsam sey.

Eine Güte aus Grundsätzen, die dem denkenden Wesen eigen ist, und die man Tugend nennt, eine Eigenschaft, die für dasselbe desto verdienstlicher ist, je größer die bösen Neigungen waren, welche die thierische Bosheit ausmachen, und welche es zu überwinden hatte, um zu dieser Güte zu gelangen. Zum Beyspiel:

Wir werden alle mehr oder weniger verderbt gebohren; die einen furchtsam, ehrgeizig und zornig, die andern geizig, unthätig und verwegen: aber diese unfreiwillige Verderbniß der Gemüthsart macht an und für sich eine Kreatur nicht fehlerhaft: vielmehr hilft sie ihr Verdienst erhöhen, wenn sie solche besiegt. Der weise Sokrates brachte eine außerordentliche Neigung zur Wollust mit auf die Welt.

Um zu sehen, wie weit der Autor von der gottlosen und seltsamen Meynung derer entfernt ist, die alles La-

aus eigner natürlicher Neigung das Gute liebt
und ohne Zwang thut, und wenn ſie das Böſe
auch ohne Furcht vor der Strafe haßt und flieht.
Die Kreatur wird hingegen böſe ſeyn, wenn ſie
nicht durch ihre natürlichen Neigungen Kraft
genug erhält, das ihrige zu thun, oder wenn verkehrte Neigungen ſie zum Böſen hinreißen, und
ſie von dem Guten entfernen.

Ueberhaupt, wenn alle Neigungen mit dem
Nutzen der Gattung übereinſtimmen, dann iſt die
natürliche Gemüthsart vollkommen gut. Fehlt
hingegen eine vortheilhafte Neigung, oder ſind
überflüßige, ſchwache, ſchädliche und dem Hauptzweck widerſtreitende Neigungen da, ſo iſt die Gemüthsart verderbt, und folglich das Thier böſe;
der Unterſchied liegt nur im mehr und weniger.

Es iſt unnöthig hier die Neigungen einzeln
durchzugehn, und zu beweiſen, daß der Zorn, der
Neid, die Faulheit, der Stolz und andre dergleichen
allgemein verabſcheute Leidenſchaften an ſich böſe
ſind, und die Kreatur, die damit behaftet iſt, böſe
machen. Aber das muß ich hier bemerken, daß die
natürlichſte Zärtlichkeit, die Zärtlichkeit der Mütter
gegen ihre Kleinen, und der Väter gegen ihre Kin-

ſter und alle Tugend nur im Temperamente ſuchen,
braucht man nur den folgenden Abſchnitt, und beſonders
den Anfang des vierten zu leſen.

der, ihre beſtimmten Gränzen habe, jenſeit welchen ſie in ein Laſter ausartet. Die übertriebne
mütterliche Zärtlichkeit kann die Wirkungen der
Liebe vernichten, und das allzugroße Mitleiden
auſſer Stand ſetzen, Hülfe zu verſchaffen. Unter andern Umſtänden kann ſich dieſelbe Liebe in
eine Art von Wahnſinn verwandeln, das Mitleid Ohnmacht werden, die Furcht vor dem Tode
ſich in Niederträchtigkeit, die Verachtung der Gefahren in Verwegenheit, der Haß des Lebens,
oder jede andre Leidenſchaft, die auf unſre Zerſtörung abzielt, in Verzweiflung oder Narrheit
verwandeln.

Dritter Abſchnitt.

Doch wir wollen von der bloßen ſimpeln Güte, deren jede empfindende Kreatur fähig iſt, auf
die Eigenſchaft fortgehn, die man Tugend nennt,
und die hienieden dem Menſchen allein zukömmt.

Für jede Kreatur, die fähig iſt, ſich deutliche
Begriffe von den Dingen zu machen, iſt nicht
blos die äußre Schale der Weſen, welche in die
Sinne fällt, der einzige Gegenſtand ihrer Neigungen. Die Handlungen ſelbſt, die Leidenſchaften, wodurch jene entſtanden, das Mitleiden, die
Leutſeligkeit, die Erkenntlichkeit, und die entge-

gengeſetzten Eigenſchaften, bieten ſich bald ih‐
rem Verſtande dar, und werden für ſie neue Ge‐
genſtände der reflektirten Zärtlichkeit oder Abnei‐
gung.

Die intellektuellen und moraliſchen Gegen‐
ſtände wirken auf die Seele ungefähr eben ſo,
wie die organiſirten Weſen auf die Sinne. So‐
bald die Figuren, die Verhältniße, die Bewegun‐
gen und die Farben der letztern in unſre Augen
fallen, ſo entſteht aus der Anordnung und Ver‐
bindung ihrer Theile eine Schönheit, die uns er‐
quickt, oder eine Häßlichkeit, die uns beleidigt.
Eine gleiche Wirkung hat der Wandel und die
Handlungen der Menſchen auf die Seele. Die
Regelmäßigkeit und die Unordnung in dieſen
Dingen macht auf ſie einen verſchiednen Eindruck,
und das Urtheil, das ſie darüber fällt, iſt nicht
minder nothwendig beſtimmt, als das Urtheil
der Sinne.

Der Verſtand hat ſeine Augen; die Seelen
horchen auf einander: ſie bemerken das Eben‐
maaß, ſie empfinden die Harmonie, ſie meſſen,
ſo zu reden, Geſinnungen und Gedanken. Mit
einem Wort, ſie haben ihre Kritik, welcher nichts
entgeht. Die Sinne werden nicht reeller, nicht
lebhafter durch das Ebenmaaß der Töne in der
Muſik, oder durch die Formen und Verhältniſſe

der körperlichen Wesen gerührt, als die Seelen
durch die Kenntnisse und die Merkmale der Leidenschaften. Sie unterscheiden in den Charak-
tern Sanftmuth und Härte, sie entdecken das
Angenehme und das Widrige, das Mistönende
und das Harmonische darinnen; kurz, sie empfinden, was darinn häßlich und schön ist: jenes rührt sie oft bis zur Verachtung und zum
Abscheu, dieses reißt sie zuweilen zur süßesten Bewunderung hin, und erhält sie in einer Art von
Entzückung. Einem nachdenkenden Menschen
läugnen zu wollen, daß es in den moralischen
Wesen eben sowohl, als in den körperlichen, ein
wahres wesentliches Schöne, eine wirkliche
Erhabenheit *) gebe, würde kindische Affektation
seyn **).

*) Ist nichts Schönes, nichts Großes, nichts Erhab-
nes in den Dingen, was wird aus Liebe, Ruhm, Ehrgeiz, Tapferkeit werden? Was nützt es dann, ein Gedicht
oder ein Gemählde, einen Palast oder einen Garten, einen schönen Wuchs oder ein schönes Gesicht zu bewundern? Heroismus wird in diesem phlegmatischen System zur Ausschweifung. Die Musen gelten nichts mehr,
der größte Dichter wird ein abgeschmackter Scribent.
Aber diese mörderische Philosophie straft sich selbst alle
Augenblick Lügen; eben der römische Dichter, der alle

Nota **) siehe Seite 66.

Gleichwie alfo die finnlichen Gegenftände, die Bilder von Körpern, die Farben, und die Töne ftets

Reize feiner Kunft angewandt hat, um die Reize der Natur zu verfchreien, überläßt fich mehr als jemand der
Entzückung und dem Enthufiasmus, und, nach der Lebhaftigkeit feiner Befchreibungen zu urtheilen, hat niemand die Schönheiten der Welt ftärker empfunden, als
er. Man möchte fagen, daß feine Poefie der Hypothefe
von den Atomen mehr fchade, als alle feine Gründe ihr
Wahrfcheinlichkeit geben. Wir wollen ihn felbft ein wenig hören:

 Alma Venus, coeli fubterlabentia figna,

  Quae more nauigerum, quae terras frugiferentes

 Concelebras — — — —

  Quae, quoniam rerum naturam fola gubernas,

 Nec fine te quicquam dias in luminis oras

  Exoritur, neque fit laetum, neque amabile quicquam,

 Te focium ftudeo fcribundis verfibus effe.

Wenn man allen Reiz diefer Anrufung empfunden hat,
fo muß alles, was fich gegen die Schönheit anführen
läßt, nur einen fehr fchwachen Eindruck machen.

 Anderswo fagt er:

 — — Bellifera munera Mauors

 Armi potens regit, in gremium qui faepe tuum fe

 Reiicit aeterno deuinctus vulnere amoris — —

 Pafcit amore auidos inhians in te, Dea, vifus,

auf unſre Augen und Ohren wirken, und ſelbſt im
Schlummer, bey verſchloßnen äußern Sinnen, noch

Eque tuo pendet, reſupini ſpiritus ore — — —
Hunc tu, Diua, tuo recubantem corpore ſancto
Circumfuſa ſuper, ſuaues ex ore loquelas
Funde.

Ich räume ein, daß dieſe Verſe von großer Schönheit ſind, wird man ſagen. Alſo giebt es doch etwas
Schönes? Unſtreitig, aber das liegt nicht in der be-
ſchriebnen Sache, ſondern in der Beſchreibung ſelbſt;
es giebt kein ſo abſcheuliches Ungeheuer, das nicht,
durch die Kunſt nachgeahmt, den Augen gefallen
könnte. So häßlich auch ein Weſen ſeyn mag (wenn
es anders eine wirkliche Häßlichkeit giebt) ſo muß
es doch gefallen, wenn es gut vorgeſtellt wird.
Aber dieſe Vorſtellung, die mich entzückt, ſetzt nicht
die mindeſte Schönheit in der Sache ſelbſt voraus;
meine ganze Bewunderung fällt auf die Aehnlichkeit der Nachahmung mit dem Gegenſtande. Die
Nachahmung iſt ſchön, aber der Gegenſtand ſelbſt
weder ſchön noch häßlich.

Dieſen Einwurf zu beantworten, muß ich fragen: was
man unter einem Ungeheuer verſteht? Verſteht man
darunter eine Zuſammenſetzung von Theilen, die aufs
Gerathewohl, ohne Verbindung, ohne Ordnung, ohne
Harmonie, ohne Proportion geſchehen, ſo behaupte ich

Bilder zurücklaſſen: eben ſo erhalten intellektuelle
und moraliſche Gegenſtände, die nicht weniger

ähnlich, daß die Vorſtellung dieſes Weſens nicht weniger beleidigen müſſe, als das Weſen ſelbſt.

In der That, wenn bey der Zeichnung eines Kopfes
ein Mahler ſich es hätte einfallen laſſen, die Zähne unter das Kinn, die Augen hinten am Kopf, und die Zun-
ge auf die Stirne zu ſetzen; wenn alle dieſe Theile auch
noch unter ſich eine disproportionitliche Größe hätten,
wenn die Zähne zu groß, und die Augen zu klein in Verhältniß mit dem ganzen Kopfe wären: ſo würde die Feinheit des Pinſels uns nie Bewunderung für dieſe Figur
ablocken.   Aber, wird man erwiedern, wie können wir
ſie auch bewundern, da ſie ſchlechterdings keinem
Dinge ähnlich ſieht.   Gut! Aber dann wiederhole ich meine erſte Frage: was verſteht ihr unter einem Ungeheuer?
Ein Weſen, das mit irgend einem Dinge Aehnlichkeit
hat, wie die Sirenen, der Hyppogryph, der Faun, der
Sphinx, die Chimära, die geflügelten Drachen? Aber ſeht
ihr nicht ein, daß dieſe Geburten der Einbildungskraft nichts
Ungereimtes in ihrer Zuſammenſetzung haben, daß, wenn
ſie ſchon nicht in der Natur exiſtiren, ſie doch in nichts
den Ideen der Verbindung, der Harmonie, der Ordnung
und der Proportion widerſprechen? Noch mehr, iſt es
nicht gewiß, daß, ſobald dieſe Figuren gegen jene Ideen
verſtoßen, ſie aufhören ſchön zu ſeyn? Da indeſſen die-

Gewalt über den Geist haben, diesen in einer un-
unterbrochnen Uebung und Thätigkeit, und be-

se Wesen nicht in der Natur existiten, wer hat die Länge von dem Schwanze einer Sirene, den Umfang der
Flügel eines Drachen, die Lage der Augen eines Sphinx,
und die Dicke von dem haarichten Schenkel und von
dem krummen Fuße der Sylvanen bestimmt? Denn dieses alles ist doch nicht willkührlich. Man kann antworten, daß, um diese möglichen Wesen schön zu nennen, man ohne Grund verlangt hat, daß die Mah-
lerey bey ihnen die nämlichen Verhältnisse beobachte, die wir bey den existirenden Wesen festgestellt finden, und daß auch hier bloß die Aehnlichkeit unsre
Bewunderung erzeuge. Die Frage läuft also endlich
dahinaus, ob wir aus Vernunft oder aus Eigensinn eben
die Gesetze, die wir bey den wirklichen Wesen beobachtet
finden, auch bey der Schilderung eingebildeter Wesen
verlangen? Eine Frage, die sogleich entschieden ist, wenn
man bemerkt, daß in einem Gemählde der Sphinx, der
Hippogryph, der Sylvan entweder in Handlung oder
überflüßig sind. Handeln sie, so haben sie ihren Platz
auf der Leinwand, wie ihn der Mann, das Weib, das
Pferd, und die andern Thiere auf der Welt haben. Nun
aber bestimmen in der Welt die zu erfüllenden Absichten
die Organisation der Thiere. Diese Organisation ist

Erster Theil. E

ſchäftigen ihn noch durch ihre Bilder, wenn ſie
ſelbſt nicht mehr gegenwärtig ſind.

mehr oder minder vollkommnen, nachdem es dadurch dem
Automaton mehr oder weniger leicht wird, die ihm zuge=
hörigen Verrichtungen zu thun. Was iſt z. B. ein ſchö=
ner Menſch? Gewiß kein andrer, als deſſen wohl pro=
portionirte Glieder zur Vollbringung der thieriſchen Ver=
richtungen aufs vortheilhafteſte zuſammenſtimmen. Aber
dieſer Vortheil der Bildung iſt nicht bloß eingebildet;
die Formen, die dieſen Vortheil verſchaffen, ſind nicht
bloß willführlich, und folglich iſt es auch die Schönheit
nicht, die eine Folge dieſer Formen iſt. Alles dieſes iſt
klar für einen jeden, der nur ein wenig die geometri=
ſchen Verhältniſſe kennt, welche die Theile des Körpers
unter ſich beobachten müſſen, um die thieriſche Oekono=
mie auszumachen.

**) In der That iſt es nicht kindiſch, etwas läugnen
zu wollen, was man doch ſelbſt offenbar empfinden muß?
Wenn uns einige unſrer neuern Lehrer, wie ſie ſagen,
in völligem Ernſt verſichern: „Die Gottheit ſey nur ein
„leeres Phantom, Tugend und Laſter Vorurtheile der
„Erziehung, Unſterblichkeit der Seele, Furcht künftiger
„Strafen und Hoffnung künftiger Belohnungen Schi=
„mären,‟ handeln ſie nicht dann dieſen Empfindungen
gemäß? Wirkt nicht das Vergnügen, aufrichtig zu ſchei=
nen, in ihnen? Sind ſie nicht von jenem dulce et deco-

Aber bleibt denn etwa das Herz bey ben mo-
ralifchen Bildern, die fich der Geift zu entwerfen

rum eingenommen? Denn fonft wär es doch wohl ihr
eigner Vortheil, daß fie diefe feltnen Kenntniffe für fich
behielten; je mehr fie ausgebreitet werden, defto weniger werden fie ihnen nützlich feyn. Sind die Menfchen
einmal alle überzeugt, daß fie die göttlichen und menfch-
lichen Gefetze ohne Bedenken überfchreiten können, fo
wird fich niemand mehr durch fie einfchränken laffen,
als die Narren. Und was kann alfo jene Herren bewegen, uns mit Gefahr ihres Lebens durch Reden und
Schriften aus dem Irrthume zu reißen? Da fie nur gar
zu wohl wiffen, daß ihnen ihr Eifer von der Obrigkeit
fchlecht genug belohnt wird. Es ift mir, als wenn ich
den Shaftesbury zu einem diefer Lehrer fagen hörte:
„Die Philofophie, die du die Güte haft, mir zu offenba-
„ren, ift doch ganz außerordentlich. Ich denke dir für
„die Mittheilung deiner Einfichten; aber warum liegt
„dir meine Unterweifung fo fehr am Herzen? Bift du
„mein Vater? Bin ich dein Sohn? Und wenn ich wä-
„re, würdeft du mir als folchem etwas fchuldig feyn?
„Sollte dir wohl eine natürliche Neigung fagen, daß
„es fchön, daß es angenehm fey, einen, der andrer Mey-
„nung ift, mit feiner eignen Gefahr in Dingen, die ihm
„wichtig find, aus dem Irrthum zu reißen? Wenn du
„nichts von diefen Empfindungen fühlft, fo giebft du dir
„viel Mühe, und ftürzeft dich in große Gefahr, um eines

genöthiget ist, und die ihm fast immer vorschwe-
ben, gleichgültig? Ich befrage deswegen meine
innere Empfindung. Diese sagt mir, daß die Aussprüche des Herzens eben so nothwendig durch
seine und durch die Natur der Gegenstände bestimmt sind, als die Ideen des Geistes; daß mithin seine Verderbniß nie bis zu einer völligen
Verkennung des Unterschiedes zwischen Schönheit und Häßlichkeit gehen könne, daß es beständig dem Natürlichen und Guten seinen Beyfall
gebe, das Böse und Unnatürliche hingegen, besonders in unpartheyischen Augenblicken, verwerfen werde. Das Herz gleicht alsdann einem
billigen Kenner, der in einer Gemäldegallerie, jeden kühnen Meisterzug mit Bewunderung an-
sieht, jeder sanften Empfindung zulächelt, sich jeder ausgedrückten Leidenschaft ganz überläßt,
und mit einem Blick voll Verachtung vor allem,
was die schöne Natur beleidigt, vorübergeht.

„Menschen willen, der dir nur mit Undank lohnen wird,
„wenn er deine Grundsätze genau befolgt. Warum be-
„hälst du dein Geheimniß nicht für dich? Du verlierst
„dadurch, daß du es mittheilst, allen Vortheil davon.
„Ueberlaß mich meinen Vorurtheilen; es ist weder für
„dich noch für mich gut, daß ich weiß, die Natur habe
„mich zum Geyer geschaffen, und ich könne mit gutem
„Gewissen bleiben, was ich bin.“

Die Gesinnungen, die Neigungen, die Triebe, die Leidenschaften, und folglich das ganze Betragen der Geschöpfe in den verschiednen Zuständen des Lebens, sind die Gegenstände einer unendlichen Menge von Gemählden, die unser Geist erschaft, der das Gute und Böse mit Schnelligkeit faßt und mit Lebhaftigkeit ausdrückt. Dieß ist eine neue Prüfung, eine neue Uebung für das Herz; das in seinem natürlichen und gesunden Zustande vom Richtigen und Schönen gerührt wird, das aber, wenn es ausartet, seinen Einsichten entsagt, um sich dem Ungeheuer und Häßlichen zu ergeben.

Folglich giebt es keine moralische Tugend und kein Verdienst ohne einige klare und deutliche Begriffe von dem allgemeinen Besten, ohne eine vernünftige Erkenntniß von dem was moralisch gut oder böse, der Bewundrung oder des Hasses würdig, Recht oder Unrecht ist. Denn, sagt man gleich im gemeinen Leben von einem schlechten Pferde, daß es fehlerhaft sey, so hat man doch nie ein gutes Pferd, oder irgend ein anders dummes und einfältiges Thier, seiner Gelehrigkeit wegen tugendhaft und verdienstvoll genannt.

Eine Kreatur sey großmüthig, sanft, leutselig, standhaft und mitleidig, wenn sie nie über das nachgedacht hat, was sie thut oder andre

E 3

thun ſieht, wenn ſie ſich keinen reinen und beſtimmten Begriff vom Guten und Böſen gemacht
hat; wenn die Reize der Tugend und der Rechtſchaffenheit nicht Gegenſtände ihrer Neigung ſind:
ſo iſt ihr Charakter nicht aus Grundſätzen tugendhaft; ſo muß ſie ſich erſt noch die thätige
Kenntniß der Rechtſchaffenheit, die allein ihre
Handlungen beſtimmen ſollte, ſie muß ſich erſt
noch die uneigennützige Liebe zur Tugend erwerben, die allein ihren Handlungen allen Werth
geben kann.

Alles was aus einer böſen Neigung ent-
ſpringt iſt böſe, unbillig und tadelhaft; ſind aber
die Neigungen wie ſie ſeyn ſollen, iſt ihr Gegenſtand der Geſellſchaft vortheilhaft und zu jeder
Zeit des Wunſches eines vernünftigen Weſens
würdig; ſo werden dieſe beiden Eigenſchaften zuſammen das bilden, was man Redlichkeit und Billigkeit in den Handlungen nennt. Schaden thun
heißt nicht Ungerechtigkeit begehn. Denn ein
edelmüthiger Sohn kann, ohne daß er aufhört
edelmüthig zu ſeyn, durch einen Unglücksfall
oder durch Ungeſchicklichkeit ſeinen Vater anſtatt
des Feindes tödten, gegen den er ihn aus allen
Kräften zu vertheidigen ſuchte. Hätte er aber,
aus einer unzeitigen Zuneigung, einem andern
beygeſtanden, oder, aus Mangel von Zärtlichkeit,
die Mittel ſeiner Erhaltung verabſäumt, dann

hätte er sich einer Ungerechtigkeit schuldig gemacht.

Iſt der Gegenſtand unſrer Neigung vernünftig, iſt er unſres Eifers und unſrer Bemühung
würdig: ſo machen uns die Unvollkommenheit
und die Schwäche unſrer Sinnen keiner Ungerechtigkeit ſchuldig. Wir wollen annehmen, ein
Menſch habe einen geſunden Verſtand und richtige Neigungen, aber ſeine Conſtitution ſey ſo
ſonderbar, ſeine Organe ſo verkehrt, daß er durch
dieſe betrügeriſchen Spiegel die Gegenſtände nur
verunſtaltet, verſtümmelt und ganz anders wahrnimmt, als ſie ſind: dann iſt es offenbar, daß,
weil der Fehler ſeinen Sitz nicht innerlich in der
Seele des Menſchen hat, dieſer Menſch nur für
unglücklich, nicht für laſterhaft gelten könne.

Ganz anders verhält es ſich mit den Meynungen, die man annimmt, mit den Vorſtellungen,
die man ſich macht, mit den Religionslehren,
wozu man ſich bekennt. Wenn in einer der Gegenden, die vorzeiten dem ausſchweifendſten
Aberglauben unterworfen waren, wo die Katzen,
die Krokodile, die Affen, und andre geringe und
ſchädliche Thiere angebetet wurden, einer dieſer
Götzendiener die heilige *) Einbildung gehabt

*) O ſanctas gentes, quibus haec naſcuntur in hortis
numina! JUVENALIS.

E 4

hätte, daß es recht ſey, das Wohl einer Katze
dem Wohl ſeines Vaters vorzuziehn; wenn er
ſich in ſeinem Gewiſſen für verpflichtet gehalten,
jeden als Feind zu behandeln, der ſich nicht zu
dieſen Dienſt bekennte: ſo würde dieſer treue
Gläubige allemal ein verabſcheuungswürdiger
Menſch geweſen ſeyn, und das iſt in der That
ein jeder, der noch jetzt nach ähnlichen Grundſätzen handelt.

Jeder Irrthum über den Werth der Dinge,
der auf die Zerſtörung einer richtigen Neigung,
oder auf die Hervorbringung einer ungerechten
Neigung abzielt, macht den Menſchen laſterhaft,
und kein Bewegungsgrund kann dieſe Verderbniß entſchuldigen. Wer, zum Beyſpiel, durch
glänzende Laſter verführt, ſeine Hochachtung
einem Unwürdigen geſchenkt hat, iſt ſelbſt laſterhaft. Es iſt zuweilen leicht, bis auf die erſte Quelle eines ſolchen Nationalverderbens hin-
aufzuſteigen. Hier iſt es ein Ehrgeitziger, der
uns durch das Geräuſch ſeiner großen Thaten be-
täubt; dort iſt es ein Räuber, oder ein ungerech-
ter Eroberer, der durch glänzende Verbrechen die
Bewunderung der Völker erſchleicht, und Charaktere zu Ehren gebracht hat, die man verab-
ſcheuen ſollte. Jeder, der ſolcher Art von Ruf
Beyfall giebt, erniedrigt ſich ſelbſt. Derjenige
hingegen, der in einem heuchleriſchen Böſewicht

einen Tugendhaften zu ehren und zu lieben glaubt,
der kann ein Thor seyn, aber er ist deswegen kein
Lasterhafter.

Der Irrthum in Factis hat auf die Neigungen keinen Einfluß, und macht also auch
nicht lasterhaft; aber der Irrthum in dem was
recht ist, hat bey jedem, der vernünftig und zu-
sammenhängend denkt, auf seine natürlichen Neigungen Einfluß, und muß ihn also nothwendig
lasterhaft machen.

Aber es giebt viele Fälle, wo selbst die erleuch-
testen Menschen nicht wissen, was sie recht oder
unrecht nennen sollen *). In solchen Umstän-

*) Die besondern Irrthümer erzeugen die Nationalir-
thümer, und so auch umgekehrt; man überredet gern
andre von dem, was man selbst glaubt, und man wider-
steht nicht leicht dem, wovon man alle andre überzeugt
sieht. Es ist fast unmöglich, Meynungen zu verwerfen,
die uns von alten Zeiten her gleichsam aus Hand in
Hand überliefert worden. Wie könnte man auch so viele ehrliche Leute, die vor uns gelebt, Lügen strafen?
Ueberdem entrückt uns die Zeit eine Menge von Umständen, die uns kühner machen würden. Diejenigen,
sagt Montagne, die sich nach und nach von diesen seltsamen Meynungen haben einnehmen lassen, haben durch
die Einwürfe, die ihnen gemacht worden, gemerkt, an

den, iſt ein geringer Fehler noch nicht hinreichend,
einem Menſchen den Charakter und den Namen
eines Tugendhaften zu rauben.　Aber wenn der
Aberglaube, oder barbariſche Gewohnheiten, ihn
in grobe Irrthümer über die Anwendungen ſeiner Neigungen ſtürzen; wenn dieſe Verſehen ſo
häufig, ſo grob und ſo mannichfaltig ſind, daß
ſie die Kreatur aus ihrem natürlichen Zuſtande
reißen; das heißt, wenn ſie von ihr Geſinnungen fodern, die der menſchlichen Geſellſchaft widerſtreiten, und in dem bürgerlichen Leben Schaden ſtiften: ſo entſagt man der Tugend, wenn
man ihnen nachgiebt.

Wir ſchließen alſo, daß das Verdienſt oder
die Tugend von einer Kenntniß des Rechts und
von einer immer heitern und entſchloßnen Vernunft abhange, wodurch unſre Neigungen jedes-
mal die wahre Richtung erhalten.　Begriffe vom

welchen Stellen der Irrthum durchſchliene, und haben
alsdann dieſe Stellen mit neuen Zuſätzen verklebt; ſie
haben kein Bedenken getragen, von ihrer eignen Erfin-
dung ſo viel hinzuzuthun, als ſie für nöthig hielten,
um dem Widerſtande und dem Mangel, den ſie in der
Idee des andern wahzunehmen glaubten, abzuhelfen.
Eine treue und wahre Geſchichte von dem Urſprunge und
dem Fortgange der Nationalirrthümer,

Recht, und Entschloſſenheit der Vernunft, können
uns allein vor der Gefahr ſchützen, unſre Achtung und unſre Bemühungen an wahre Greuel
und an Ideen zu verſchwenden, die alle natürliche Neigung ertödten. Die natürlichen Neigungen ſind die Grundveſten der Geſellſchaft, welche
die blutdürſtigen Geſetze einer misverſtandnen
Ehre, und die irrigen Begriffe einer falſchen Religion, zuweilen zu untergraben ſuchen; Geſetze
und Begriffe, die ihre Anhänger nur zu Verbrechen und zum Verderben führen können, weil
Gerechtigkeit und Vernunft ſie beſtreiten. Wer
alſo auch, unter dem Vorwande einer jetzigen
oder künftigen Glückſeligkeit, den Menſchen im
Namen Gottes Verrätherey, Undank und Grau
ſamkeiten gebieten, wer ſie auch lehren mag, ihren Nächſten aus Freundſchaft zu verfolgen, zum
Zeitvertreib ihre Kriegsgefangnen zu martern,
die Altäre mit Menſchenblut zu beflecken, ſich ſelbſt
aufs grauſamſte zu foltern, ſich in einem Anfall
von heiligem Eifer *) vor ihren Gottheiten zu

---

*) Bändige deine Leidenſchaften, ſagt die Religion;
erhalte dich ſelbſt, ſagt die Natur. Es iſt immer möglich beiden ein Gnüge zu leiſten; wenigſtens muß man
dieſes annehmen: denn es wäre doch ſonderbar, wenn
man in irgend einem Falle ein Selbſtmörder werden müßte, um tugendhaft zu ſeyn. Dieß würden auch die über

zerreißen, und zur Ehre derselben, oder ihnen zu
gefallen, etwas Unmenschliches und Viehisches zu
begehen: wenn sie tugendhaft sind, so müssen sie

triebensten Pietisten einsehen, wenn sie es wagten, die Ver=
nunft zu Rathe zu ziehen. Derjenige, (würde sie ihnen
sagen: der, müde gegen sich selbst zu kämpfen, seinem Le=
ben mit einem Pistolenschuß ein Ende machte, wäre ein
Rasender. Allein derjenige, der, über dieses rasche Ver=
fahren aufgebracht, dennoch aus Liebe zu Gott und zum
Heil seiner Seele alle Tage eine kleine Dosin Gift näh=
me, das ihn unvermerkt ins Grab brächte, wäre der we=
niger Thor? Nein, gewiß nicht! Liegt nun das Ver=
brechen in dem Selbstmord; was macht es für Unter=
schied, ob man sich mit Fasten und Wachen, oder mit
Arsenik und Sublimat tödtet? In einem Augenblick,
oder binnen zehn Jahren? Mit einem bärnen Kleid und
mit Geißeln, oder mit Pistole und Dolch? Das heißt
nur über die Form des Verbrechens streiten. Das heißt,
sich wegen der Farbe des Gifts entschuldigen. So dach=
te wenigstens der heil. Augustin. Diejenigen, die Gott
durch dergleichen Ausschweifungen zu ehren meynen,
sind mit dem nämlichen Aberglauben behaftet, wie jene
Heiden, von denen er in seinem vortreflichen Traktat
von der Stadt Gottes sagt: Tantus est perturbatae
mentis et sedibus suis pulsae furor, vt sic dii placentur,
quemadmodum ne homines quidem saeuiunt.

schlechterdings ihren Gehorsam verweigern, so
müssen sie durch den nichtigen Beyfall der Gewohnheit, und die betrüglichen Orakelsprüche des
Aberglaubens, nicht die Stimme der Natur und
die Warnungen der Tugend unterdrücken lassen.
Alle diese Handlungen, die die *) Menschlichkeit

---

*) Die Frechheit eines ägyptischen Freigeistes, der den
Lehren des heiligen Ordens Troz geboten und sich ge-
weigert hätte, Wesen, die zu seiner Nahrung bestimmt
waren, göttliche Ehre zu erzeigen, eine Katze, ein Kroko-
dil, eine Zwiebel anzubeten, wäre durch das Ungereimte
eines solchen Glaubens hinlänglich dazu berechtigt gewesen. Man kann keiner Lehre, die zu gröblichen Ueber-
tretungen des Naturgesetzes verleitet, mit gutem Gewissen Achtung erweisen. Wenn Natur und Moral gegen die Stimme der Priester sich empören, so ist der Gehorsam gegen diese ein Verbrechen. Wer wird leugnen,
daß der leichtgläubige Aegypter, der, um seinem Gotte
beyzustehen, seinen Vater hätte umkommen lassen, ein
wahrer Vatermörder gewesen wäre! Sagt man mir jemals: Verrathe, raube, plündre, tödte, dein Gott gebeut
dir's — so werde ich ohne weitre Untersuchung antworten: Verrathen, rauben, plündern, tödten, das sind Verbrechen, folglich gebeut sie mir Gott nicht. Die Reinig-
keit der Sittenlehre läßt die Wahrheit einer Religion
vermuthen; ist aber die Sittenlehre verdorben, so ist die
Religion, welche dieses Verderben predigt, offenbar

verbeut, werden immer ein Greuel bleiben, wie
ſehr ſie auch barbariſche Gewohnheiten, eigenſinnige Geſetze und falſche Religionen billigen mögen. Nichts hebt die ewigen Geſetze der Gerechtigkeit auf.

Vierter Abſchnitt.

Diejenigen Kreaturen, die nur von ſinnlichen
Gegenſtänden gerührt werden, ſind gut oder böſe,
je nachdem ihre ſinnlichen Triebe gut oder ſchlecht
eingerichtet ſind. Aber etwas ganz anders iſt
es mit Kreaturen, die fähig ſind, in dem moraliſchen Guten und Böſen vernünftige Bewegungsgründe der Zuneigung oder des Abſcheus zu finden. Denn bey einem Individuum dieſer Gattung wird, bey aller Unregelmäßigkeit der ſinnlichen Triebe, der Charakter gut, und das Individuum tugendhaft ſeyn, ſo lange ſeine ausſchwei-
fenden Triebe den vernünftigen Neigungen, von
denen wir geſprochen haben, untergeordnet bleiben.

Noch mehr! Wenn das Temperament brau-
ſend, jähzornig, verliebt iſt, und wenn die Krea-

falſch. Welchen Vorzug giebt dieſe einzige Betrachtung
dem Chriſtenthum vor allen andern Religionen! Wo iſt
eine Moral, die mit der Moral Jeſu Chriſti zu vergle-
chen wäre?

tur durch Bezwingung dieser Leidenschaften sich
trotz ihnen der Tugend ergiebt; dann sagt man,
daß ihr Verdienst um desto größer sey, und man
hat Recht. Wenn indessen der Eigennutz der einzige Damm wäre, der sie zurückhielte; wenn es, ohne Rücksicht auf die Reize der Tugend, ihr einziges Vergnügen wäre, ihre Laster zu züchtigen: so
haben wir bewiesen, daß sie dann um nichts tugend-
hafter wäre. Hingegen ist es gewiß, daß, wenn der
Zornige, freywillig und ohne niedrige und knechtische Bewegungsgründe, seine Leidenschaft erstickt,
wenn der Wollüstige seine Regungen unterdrückt,
wenn sie beide über die Heftigkeit ihrer Neigungen siegen, und der eine bescheiden, der andre
ruhig und gelassen werden: so wird ihre Tugend
viel lautern Beyfall erhalten, als wenn sie keine
Hindernisse zu übersteigen gehabt hätten. Aber
wie? sollte also der Hang zum Laster dienen,
die Tugend zu erheben? sollten verkehrte Neigungen nöthig seyn, den tugendhaften Menschen
vollkommen zu machen?

Bey dieser Art von Schwierigkeit kommt es
auf folgende Punkte an. Wenn sich auch hier
und da ausschweifende Begierden hegen, ihre Gewalt aber ganz und gar unterdrückt wird: so ist
das ein unstreitiger Beweis, daß die im Charakter herrschende Tugend die Obergewalt hat. Ist

aber die Kreatur auf eine wohlfeilere Art tugendhaft, das heißt, hat ſie mit gar keinen Leidenſchaften zu ringen; ſo kann man ſagen, daß ſie
den Grundſätzen der Tugend folge, ohne ihre
Kräfte anzuſtrengen. Die Tugend, die in dieſem letzten Fall keine Feinde zu beſtreiten hat, iſt
deswegen vielleicht nicht minder mächtig; und
derjenige, der im erſten Fall ſeine Feinde beſiegt
hat, iſt darum nicht minder tugendhaft. Vielmehr kann er, nun frey von den Hinderniſſen,
die ſich ſeinem Fortgang entgegenſtellten, ſich
ganz der Tugend überlaſſen, und ſie in einem
vorzüglichern Grade beſitzen.

Sonach theilt ſich die Tugend bey den Menſchen in verſchiedne ungleiche Grade, ob es gleich
vielleicht unter ihnen keinen giebt, der eine ſo
geſunde und gründliche Vernunft beſitzt, die allein einen immer gleichen und vollkommnen Charakter hervorbringen kann. Tugend und Laſter
beherrſchen ſie wechſelsweiſe; ſo daß bald jene
bald dieſes die Oberhand hat. So lange eine
Kreatur gegen die Reize der Tugend noch im
mindſten empfindlich iſt, ſo lange ſie noch einige
Merkmahle von Güte, von Mitleiden, von Sanftmuth, von Dankbarkeit an ſich blicken läßt: ſo
mögen übrigens ihre Neigungen, ſowohl in Abſicht auf die ſinnlichen Gegenſtände, als auf die

intellektuellen und moralischen Dinge, noch so verkehrt seyn, ihre Grundsätze mögen noch so zügel-
loß, sie mag noch so wütend, unverschämt und
grausam seyn: sie ist noch keine ganz lasterhafte
und ausgeartete Kreatur, sie trägt noch immer
einige Keime von Tugend in sich.   Dieses erhellet
hinlänglich aus dem, was wir bisher gesagt haben.

Ein Missethäter, der, aus einer Empfindung
von Ehre und von Treue gegen seine Mitschul-
digen, sich weigert, sie anzugeben, und der lieber
die äussersten Martern und den Tod selbst leidet,
als sie verräth, der hat gewiß einige Grundsätze
von Tugend, die er nur unrecht anwendet. Eben
so muß man von jenem Verbrecher urtheilen, der lieber in Gesellschaft seiner Mitverbrecher sterben,
als sie selbst hinrichten wollte.

Wir haben gesehn, wie schwer sich von je-
manden sagen läßt, daß er ein vollkommner
Atheist sey; jetzt erhellet, daß es nicht minder
schwer sey, von einem Menschen zu behaupten, er
sey vollkommen lasterhaft.   Auch in den größten
Bösewichtern bleibt einiger Funke von Tugend
übrig, und einer der richtigsten Aussprüche, den
ich kenne, ist dieser: „Nichts ist seltner als ein
„vollkommen rechtschaffner Mann, es müßte
„dann ein vollkommner Bösewicht seyn." Denn,
wo noch die geringste gute Neigung ist, da

iſt, genau zu reden, noch einiger Keim von Tugend.

Nach dem wir unterſucht haben, was die Tugend an und für ſich ſey, ſo wollen wir nun zu-
ſehen, wie ſie ſich mit den mancherley Syſtemen
über die Gottheit verträgt.

Dritter Theil.

Erſter Abſchnitt.

Da das Weſen der Tugend, wie wir bewieſen
haben, in einer richtigen und wohl gemäßigten
Neigung der vernünftigen Kreatur zu den intellektuellen und moraliſchen Gegenſtänden der Gerechtigkeit beſtehe: ſo muß man, um in ihr die
Grundſätze der Tugend zu vertilgen oder zu ent-
kräften

1) Entweder ihr das Gefühl und die natürlichen Begriffe von Ungerechtigkeit und Billigkeit nehmen,

2) Oder ihr falſche Begriffe davon beybrin-
gen,

3) Oder gegen das innre Gefühl andre Neigungen rege machen.

Auf der andern Seite, um die Grundſätze der
Tugend zu vermehren und zu befeſtigen, muß
man

1) Entweder das Gefühl von Redlichkeit und Gerechtigkeit nähren und schärfen,

2) Oder es in seiner ganzen Lauterkeit erhalten,

3) Oder ihm alle andre Neigungen unterwürfig machen.

Wir wollen jetzt sehen, welche von diesen Wirkungen jede Hypothese von der Gottheit natürlicher Weise hervorbringen oder wenigstens begünstigen muß.

Erste Wirkung.

Die Kreatur des natürlichen Gefühls von Ungerechtigkeit und Billigkeit berauben.

Man wird gewiß nicht vermuthen, daß wir diese Redensart in einem solchen Sinne nehmen, als wenn in der Kreatur aller Begriff vom Guten und Bösen in Rücksicht auf die Gesellschaft vertilgt werden könnte. Denn, daß es etwas Gutes und Böses in Beziehung aufs ganze Geschlecht gebe, ist eine Idee, die man nie ganz verdunkeln kann. Das öffentliche Interesse ist ein allgemein für reel erkannter Begriff, und nichts kennt jeder einzelne Mensch besser, als was alle

überhaupt angeht. Wenn wir alfo fagen, eine
Kreatur habe alle Empfindung von Rechtfchaf-
fenheit und Ungerechtigkeit verloren, fo fetzen wir
vielmehr voraus, daß fie immer noch fähig ift,
das Böfe und Gute in Beziehung auf ihr Ge-
fchlecht zu unterfcheiden, daß fie aber dagegen
vollkommen fühllos geworden, und daß die Vor-
trefflichkeit und Niedrigkeit moralifcher Handlung
in ihr weder Achtung noch Abfcheu mehr erregen;
dergeftalt, daß, ohne ein befondres und äufferft
concentrirtes Intereffe, das noch immer in ihr lebt,
und ihr zuweilen günftige Urtheile für die Tugend abnöthigt, man fagen könnte, fie werde in
den Sitten weder von Häßlichkeit noch von
Schönheit mehr gerührt, und alles habe für fie
eine ungeheure Einförmigkeit.

Eine vernünftige Kreatur, welche eine andre ohne Urfache beleidigt, empfindet, daß die
Furcht vor einer ähnlichen Behandlung ihr den
Unwillen und den Groll derer, die fie beobachten, zuziehen muß. Derjenige, der nur einen
Einzigen kränkt, erkennt fich immer für eben fo
allgemein verhaßt, als wenn er alle beleidigt
hätte.

Das Lafter bekömmt alfo alle die zu Feinden,
die es in Unruhe fetzt, und fo hat im Gegentheil
die Tugend eines Einzeln ein Recht auf das

Wohlwollen und die Belohnungen der ganzen
Welt. Dieses Gefühl ist auch den boshaftesten
Menschen nicht unbekannt. Soll also die natürliche Empfindung von Recht und Billigkeit
noch etwas mehr bedeuten, als was wir hier
eben gesagt haben, so ist es unstreitig jene leb-
hafte Anthipathie gegen das Unrecht, und jene
zärtliche Zuneigung zur Billigkeit, die nur den
vorzüglich rechtschaffnen Menschen eigen sind.

Wer sich eine verderbte, so gemißbildete
Kreatur dächte, die von keinem Gegenstande, den
sie zu erkennen fähig wäre, nur im mindsten ge-
rühret würde, die ursprünglich aller Liebe, alles
Mitleids, aller Dankbarkeit und jeder andern geselligen Leidenschaft unfähig wäre, der würde sich
nichts als eine bloße Schimäre denken. Wer sich eine
vernünftige Kreatur dächte, die zwar den Eindruck derer ihren Fähigkeiten angemeßnen Gegenstände empfunden, die zwar die Bilder der Gerechtigkeit, der Großmuth, der Mäßigkeit, und
der andern Tugenden ihrem Geiste eingedrückt,
aber nie die geringste Neigung für diese Eigenschaften, noch Abneigungen für die entgegengesetzten empfunden, sondern gegen alle diese Vorstellungen in einer Gleichgültigkeit geblieben, der denkt sich abermals eine Schimäre.
Die Seele läßt sich eben so wenig ohne Neigung

für die Dinge, die ſie erkennt, als ohne das Vermögen ſie zu erkennen, denken. Iſt ſie aber einmal im Stande, ſich Begriffe von Handlung, von
Leidenſchaft, von Temperament und von Sitten
zu machen, ſo wird ſie auch in dieſen Gegenſtänden Schönheit und Häßlichkeit eben ſo nothwendig unterſcheiden, als das Auge Verhältniſſe und
Disproportionen in den Figuren bemerkt, und das
Ohr die Harmonie und den Misklang in den Tönen
empfindet. Man könnte gegen uns behaupten, daß
es keinen wirklichen Reiz, keine wirkliche Häßlichkeit
in den intellektuellen und moraliſchen Dingen gebe:
aber das wird man doch nie läugnen, daß es ein-
gebildeten Reiz und Häßlichkeit gebe, und daß die
Macht derſelben über unſre Gemüther groß ſey.
Wenn man auch läugnet, daß die Sache in der
Natur exiſtire, ſo wird man doch wenigſtens
nicht leugnen, daß wir die Idee ihrer Exiſtenz
in der Natur von der Natur ſelbſt haben. Denn
das natürliche Vorurtheil für dieſen Unterſchied
der moraliſchen Schönheit und Häßlichkeit iſt ſo
mächtig, dieſe Verſchiedenheit unter den intellektuellen und moraliſchen Gegenſtänden nimmt unſre Seele ſo ſehr ein, daß Kunſt, gewaltſame Bemühungen, anhaltende Uebung und ſtrenges
Nachdenken erfodert werden, dieſe Idee zu verdunkeln.

Da das Gefühl von Unrecht und Billigkeit
uns eben so natürlich ist, als unsre Neigungen;
da diese Eigenschaft einer der Grundzüge unsers
Wesens ist, so kann sie keine Spekulation, kein
Glaube, keine Ueberzeugung, keine Religion unmittelbar und geradezu vernichten. Das was
uns natürlich ist zu verdrängen, ist nur das Werk
einer langen Gewohnheit, die zur zweyten Natur
wird. Nun ist uns das Gefühl des Unterschiedes zwischen Unrecht und Billigkeit angebohren;
die Erkenntniß des Schönen und Häßlichen in
intellektuellen und moralischen Dingen ist eine
Wirkung, die unsrem Geiste nicht weniger natürlich ist, als die ähnliche Wirkung, wodurch er
die nämlichen Eigenschaften an körperlichen Gegenständen gewahr wird; ja vielleicht geht jene
Wirkung noch vor dieser vorher. Folglich kann
nur eine entgegengesetzte Uebung sie auf immer
stören, oder einige Zeit lang aufhalten.

Wir wissen alle, wie unendlich schwer es hält,
auch bey der aufrichtigsten Bemühung, eine einmal angenommene unangenehme oder lächerliche
Geberde und Stellung wieder abzulegen; wir mögen sie nun durch einen Fehler in der Bildung,
oder durch sonst einen Zufall uns angewöhnt haben. Die Natur ist noch viel eigensinniger. Sie

erträgt das Joch mit Widerwillen und Unmuth,
ſtets bereit es wieder abzuſchütteln; es iſt eine
Arbeit ohn Ende, ſie im Gehorſam zu erhalten.
Die Unbiegſamkeit der Seele iſt unglaublich, vornehmlich wenn es auf ſolche natürliche Ideen
und Empfindungen ankömmt, wie der Unterſchied zwiſchen Recht und Unrecht iſt. Man be-
ſtreite ſie, man quäle ſich, wie man wolle, um ſie
zu unterdrücken; man wird nicht anders, als
durch die größten Anſtalten und die gewaltſam-
ſten Mittel, mit ihnen fertig. Ja auch der aus-
ſchweifendſte Aberglaube, das abgeſchmackteſte
Nationalvorurtheil können ſie nie ganz unterdrücken. Da der Theismus, der Deismus, der
Atheismus, und ſelbſt der Dämonismus keinen
unmittelbaren Einfluß auf den moraliſchen Unterſchied zwiſchen Recht und Unrecht haben; da
jede, gottloſe oder fromme, Religionsmeynung
auf dieſe natürliche und erſte Idee nur durch die
Dazwiſchenkunft und Empörung andrer Neigungen wirkt: ſo werden wir von der Wirkung dieſer Hypotheſen nur erſt im dritten Abſchnitt reden, wo wir die Uebereinſtimmung oder nicht
Uebereinſtimmung der Neigungen mit dem natürlichen Gefühl, durch das wir das Recht vom
Unrecht unterſcheiden, unterſuchen wollen.

Zweyter Abschnitt.

Zweyte Wirkung.

Das natürliche Gefühl von Recht und Unrecht verderben.

Diese Wirkung kann nur die Folge der Gewohnheit und der Erziehung seyn, die zuweilen ihre Kräfte gegen die Kräfte ter Natur vereinigen, wie man in denjenigen Gegenden wahrnehmen kann, wo Gewohnheit und Politik der Natur nach verhaßte und unanständige Handlungen durch Beyfall ermuntern und durch Ehrenzeichen achtungswürdig machen. Vermittelst solcher Blendwerke thut sich ein Mensch selbst Gewalt, und glaubt seinem Vaterlande zu dienen, sein Volk furchtbar zu machen, zu seinem eignen Ruhme zu arbeiten, und eine Heldenthat zu vollbringen, wenn er den Eckel seiner Natur überwindet, um das Fleisch seines Feindes zu fressen.

Aber, um auf die besondern Lehrgebäude über die Gottheit, und auf die Wirkung, die sie in diesem Falle hervorbringen, zu kommen:

So scheint es nicht, daß der Atheismus einen dem reinen natürlichen Gefühl von Recht und Unrecht geradezu widerstreitenden Einfluß habe. Bey einem Unglücklichen, den diese Hy-

F 5

pothese in eine lange Gewohnheit des Laſters ge-
ſtürzt und darinnen erhalten hat, können die Begriffe von Gerechtigkeit und Redlichkeit ſehr ver-
dunkelt worden ſeyn: allein er wird dadurch noch
nicht verleitet, eine nichtswürdige und unredliche
Handlung für groß und ſchön zu achten. Dieſe hierinnen allein minder gefährliche Lehre, als
der Aberglaube, predigt nicht, daß es ſchön ſey,
ſich mit Thieren zu paaren, oder ſich mit dem
Fleiſche ſeines Feindes zu ſättigen. Hingegen
giebt es keine ſo verabſcheuungswürdige Greuel,
die nicht als vortreflich, löblich und heilig angenommen werden könnten, wenn eine verderbte
Religion ſie gebieten *) wird.

*) Ohne mich weitläuftig in dieſe Materie einzulaſ-
ſen, will ich nur zwey Beyſpiele anführen, die man in
dem philoſophiſchen Verſuch über den menſchlichen Verſtand (Kap. II. Abſchn. y. S. 29) findet. Man kann dem
Zeugniſſe eines Reiſebeſchreibers ſchwerlich ſeinen Glauben verſagen, wenn es von dem Anſehen eines ſolchen
Schriftſtellers, wie Locke, unterſtützt wird. Die Topi-
nambus kennen kein beſſer Mittel, in das Paradies zu
kommen, als wenn ſie ſich auf das grauſamſte an ihren
Feinden rächen, und ihrer ſo viele verzehren, als ſie
nur können. Diejenigen, welche die Türken kanoniſiren
und unter die Heiligen ſetzen, führen ein Leben, das man
nicht beſchreiben kann, ohne die Schamhaftigkeit zu be-

Ich ſehe auch hierinnen nichts Wunderbares.
Denn es thut nichts, wenn auch der Gläubige das

leidigen. Es kömmt darüber eine ſehr merkwürdige
Stelle in Baumgartens Reiſe vor. Da das Buch ſehr
ſelten iſt, ſo will ich die ganze Stelle in der Sprache des
Originals herſetzen. Ibi (ſcilicet prope Belbes in Aegy-
pto) vidimus ſanctum vnum Saracenicum inter arenarum
cumulos, ita vt ex vtero matris prodiit, nudum ſeden-
tem. Mos eſt, vt didicimus, Mahomediſtis, vt eos, qui
amentes et ſine ratione ſunt, pro ſanctis colant et vene-
rentur. Inſuper et eos, qui, cum diu vitam egerint in-
quinatiſſimam, voluntariam demum poenitentiam et pau-
pertatem ſuſcipiunt, ſanctitate venerandos deputant.
Eiusmodi vero genus hominum libertatem quandam ef-
fraenem habent, domos, quas volunt intrandi, edendi,
bibendi, et, quod maius eſt, concumbendi ex quo con-
cubitu ſi proles ſecuta fuerit, ſancta ſimiliter habetur.
His ergo hominibus, dum viuunt, magnos exhibent ho-
nores, mortuis vero vel templa vel monumenta exſtru-
unt ampliſſima eosque ſepelire vel contingere maximae
fortunae ducunt loco. Audiuimus haec dicta et dicenda
per interpretem a Mureto noſtro. Inſuper ſanctum illum,
quem eo loco vidimus, publicitas apprime commendari,
eum eſſe hominem ſanctum, diuinum, ac integritate prae-
cipuum, eo quod nec foeminarum vnquam eſſet nec
puerorum, ſed tantummodo aſellorum concubitos atque

Abscheuliche irgend einer Handlung, die der Aberglaube, nach dem vorgeblichen Wohlgefallen der
Götter von ihm fodert, unerachtet des heiligen
Schleiers, womit man es vor ihm verbergen
will, einsieht: einmal verbietet ihm seine Religion, sich seine Götter als verhaßte und boshafte Tyrannen zu denken, wenn er gleich im In-
nersten seines Herzens mehr als zu sehr dazu versucht
wird *). Die Götter, ruft sie ihm zu, begnügen
sich nicht bloß mit deinen Opfern; innre Ehrfurcht
muß mit der äußern Verehrung verbunden seyn!
So ist er dann gezwungen, Wesen, die ihm ungerecht scheinen, zu lieben und zu bewundern,
ihre Befehle zu ehren, blindlings die Schand-
thaten zu thun, die sie gebieten, und folglich für heilig und gut zu achten, was an sich selbst entsetz-
lich und abscheulich ist.

Wenn Jupiter der Gott ist, den man anbetet, und ihn seine Geschichte als einen Verliebten schildert, der sich ohne Scheu seinen zügello-

mularum. Man kann auch über diese von den Türken
so hoch geachteten Heiligen nachsehen, was von ihnen
Piedro de la Valle in einem Briefe vom 25 Jenner 1616
gesagt hat.

*) Macht die Götter erröthen, die euch verurtheilt ha-
ben! Racine Iphig. Akt. IV. Sc. 4.

fen Begierden ganz überläßt: so muß freylich sein Verehrer, wenn er diese Erzählung
für buchstäblich wahr hält, die Unkeusch-
heit für eine Tugend ansehn *). Wenn

*) Die Gesinnungen und Sitten eines Volks in sei-
nem täglichen Leben zu schildern, ist das eigne Geschäffte der Komödie, zumal beym Terenz. Nun höre man,
was dieser Poet einen ausschweifenden Jüngling sagen
läßt, der sich des Beyspiels solcher Götter bedient, eine
niederträchtige Verwandlung zu entschuldigen, und sich zu
einer schändlichen Handlung zu ermuntern:

— — Dum apparatur, virgo in conclaui sedet,

Suspectans tabulam quandam pictam, vbi inerat pictu-
ra haec: Iouem

Quo pacto Danaae misisse aiunt quondam in gremium
imbrem aureum.

Egomet quoque id spectare coepi, et quia consimilem
luserat

Jam olim ille ludum, impendio magis animum gaude-
bat mihi,

Deum sese in hominem conuertisse, atque per alienas
tegulas

Venisse clanculum per impluuium, fucum factum mu-
lieri.

At quem Deum! qui templa coeli summa sonitu con-
cutit;

der Aberglaube ein rachſüchtiges, zorniges, heimtückiſches, ſophiſtiſches Weſen auf den Altar erhebt, das ſeine Blitze nach Willkühr ſchleudert, und, wenn es aufgebracht wird, ſich an andren rächt, als die es beleidigt haben; wenn es, um ſeinen Charakter zu vollenden, den Betrug liebt, die Menſchen zu Meineid und Verrätherey ermuntert, und, aus einer ungerechten Partheilichkeit, eine kleine Anzahl von Günſtlingen mit ſeinen Gütern überhäuft: ſo zweifle ich nicht, daß, mit Hülfe der Prieſter und der Poeten, das Volk alle dieſe Unvollkommenheit unabläßig verehren, und einen unglücklichen Hang zu Rachſucht, Groll, Argliſt, Eigenſinn, Partheilichkeit

Ego homuncio hoc non facerem? Ego vero illud feci
et lubens

TERENT. Eunuch. Act. III. Sc. 5.

Und Petron, der Autor ſeiner Zeit, der die Menſchen am beſten kannte, und der ihre Sitten am lebhafteſten ſchilderte, hat geſagt: Ne bonam quidem mentem aut bonam valetudinem petant, ſed, ſtatim, antequam limen Capitolii tangunt, alius donum promittit, ſi propinquum diuitem extulerit, alius, ſi ad trecenties H. S. ſaluus peruenerit. Ipſe ſenatus, recti bonique praeceptor, mille pondo auri Capitolio promittere ſolet, et, nequis dubitet pecuniam concupiſcere, Iouem quoque peculio exornat

bekommen werde. Denn es ist leicht, grobe Laster in glänzende Eigenschaften zu verwandeln,
wenn man sie bey einem Wesen findet, zu dem
man die Augen nicht anders als mit Ehrfurcht
emporhebt.

Indessen muß man gestehn: ist der Gottes-
dienst mit gar keiner Liebe, Hochachtung und In-
nigkeit des Herzens verbunden; ist er ein bloßes
Ceremoniel, wozu man sich durch Gewohnheit
und Beyspiel, durch Furcht oder Gewalt hinreis-
sen läßt: so ist der Andächtige in keiner großen
Gefahr, seine natürlichen Begriffe zu ändern.
Denn, wenn er nur von Furcht getrieben wird,
indem er den Geboten seiner Religion gehorcht,
und die Gunst seiner Gottheit durch den Gehorsam gegen ihre angeblichen Befehle zu erwerben
sucht; wenn er wider Willen ein Opfer verrichtet,
das er im Grunde des Herzens als eine barbarische und widernatürliche Handlung verabscheut:
so huldigt er nicht sowohl den Gott, dessen Bosheit er einsieht, sondern eigentlich der natürlichen
Billigkeit, deren Gefühl er selbst in dem Augenblick ehrt, da er dagegen handelt. Dieß ist sein
wahrer Zustand, so bedenklich es ihm auch vor-
kommen mag, zwischen seinem Herzen und seiner
Religion zu entscheiden, und sich ein vernünftiges
System über den Widerspruch zwischen seiner

Ideen und den Vorschriften seines Gesetzes zu
entwerfen. Aber wenn er in seiner Leichtgläubigkeit beharrt, und sich durch wiederholte Religions-
übungen endlich mit der Bosheit, Tyranney,
Rachsucht, Partheylichkeit, mit dem Eigensinne
seines Gottes vertraut macht: so wird er sich all-
mählig mit den Eigenschaften, die er an ihm verabscheute, aussöhnen; und dieß Beyspiel wird so
mächtig seyn, daß er endlich die grausamsten
und unmenschlichsten Handlungen, ich will nicht
sagen als gut und gerecht, aber doch als groß,
edel, göttlich, und nachahmungswürdig betrachten wird.

Derjenige, der einen wahrhaften, gerechten
und gütigen Gott annimmt, der denkt sich Recht
und Unrecht, Wahrheit und Falschheit, Güte und
Bosheit, als unabhängig von diesem höchsten
Wesen, und urtheilt nach diesen Begriffen, daß
ein Gott wahrhaft, gerecht und gütig seyn muß.
Denn, wenn die Rathschlüsse, die Handlungen,
die Gesetze desselben, die Güte, die Gerechtigkeit
und die Wahrheit erst ausmachten: so hieße es
nichts gesagt, wenn man Gott wahrhaft, gerecht, und gütig nennte. Man würde alle seine
Urtheile wahr und billig nennen müssen, wenn er
auch von beiden Theilen eines widersprechenden
Satzes behauptete, daß sie beide wahr wären, wenn

es auch ohne Grund ein Geschöpf verurtheilte,
für fremde Verbrechen zu büßen, oder wenn es,
ohne Ursache und Unterschied, die einen zu Martern die andern zu Freuden bestimmte. Nach einer solchen Voraussetzung noch behaupten, daß
etwas wahr oder falsch, gerecht oder ungerecht,
gut oder böse sey, das heißt anders nichts, als
mit Worten spielen.

Daraus folgere ich, daß derjenige, welcher
einem höchsten Wesen, das er für ungerecht und
boshaft erkennt, eine wahre und aufrichtige Verehrung erweist, Gefahr laufe, alles Gefühl von
Billigkeit, alle Idee von Gerechtigkeit, allen Begriff von Wahrheit zu verlieren. Bey einem
Menschen, der sich im Ernst zu einer Religion
bekennt, deren Lehren den ersten Grundsätzen der
Moral widerstreiten, muß sein Religionseifer
in die Länge alle Redlichkeit untergraben.

Wenn die erkannte Bosheit eines höchsten
Wesens einen Einfluß auf seine Anbeter hat,
wenn sie die Neigungen verdirbt, die Begriffe
von Wahrheit, Gerechtigkeit und Güte verwirrt,
und den natürlichen Unterschied von Recht und
Unrecht umstürzt: so ist im Gegentheil nichts geschickter die Leidenschaften zu mäßigen, die Begriffe zu berichtigen, und die Liebe der Gerechtigkeit und der Wahrheit zu befestigen, als der

Erster Theil.　　　　G

Glaube an einen Gott, welchen seine Geschichte in jedem Falle als ein Muster von Wahrhaf-
tigkeit, Gerechtigkeit und Güte vorstellt. Die
Ueberzeugung von einer göttlichen Vorsehung,
die sich auf alles erstreckt, und unaufhörlich in
die Welt einwirkt, ist ein mächtiger Antrieb, in
den engen Grenzen unsrer Sphäre die nämlichen
Grundsätze zu befolgen, die sie selbst befolgt.
Wenn wir aber in unserm Betragen das allgemeine Interesse unsrer Gattung nie aus den
Augen verlieren, wenn das gemeine Beste uns
in allem leitet, so können wir unmöglich uns jemals in unsern Urtheilen über Recht und Unrecht irren.

Also wird die Religion, in Absicht auf die
zweyte Wirkung, viel Böses oder viel Gutes stiften, je nachdem sie selbst gut oder böse ist. Mit
dem Atheismus ist es ein anders. Dieser kann
in der That eine Verwirrung der Begriffe von
Recht und Unrecht veranlassen; aber nicht an
und für sich als bloßer Atheismus. Eigentlich
rührt dieses Uebel nur von verderbten Religionen und von allen jenen phantastischen Vorstel-
lungsarten der Gottheit her, die der Aberglaube
ausgebrütet hat, und die die Leichtgläubigkeit
nicht aussterben läßt.

Dritter Abſchnitt.

Dritte Wirkung.

Die Neigungen gegen das natürliche Gefühl
von Recht und Unrecht empören.

Es iſt offenbar, daß die Grundſätze der Rechtſchaffenheit der Kreatur, die ſie beſitzt, zur Regel ihres Betragens dienen werde, wenn ihnen
nicht irgend eine ganz eigennützige Neigung, oder
eine von jenen ungeſtümen und heftigen Leidenſchaften entgegenſteht, die alles Gefühl von Billigkeit unterbrücken, ſogar die Begriffe des eignen
Vortheils verdunkeln, und ſie von dem richtigen
Wege zur Glückſeligkeit abführt.

Unſre Abſicht iſt hier nicht, zu unterſuchen,
wodurch dieſe Unordnung entſteht und zunimmt,
ſondern blos zu betrachten, was für günſtigen
oder ungünſtigen Einfluß die mancherley Meynungen über die Gottheit darauf haben.

Daß es möglich ſey, daß eine Kreatur
von der Häßlichkeit und von der Schönheit
intellektueller und moraliſcher Dinge lange
vorher habe können gerührt worden ſeyn, und
folglich den Unterſchied zwiſchen Recht und
Unrecht genau gekannt haben, ehe ſie noch klare und deutliche Begriffe von der Gottheit ge-

habt, das ist eine fast unstreitige Sache *).   In
der That, läßt es sich wohl begreifen, daß ein

*) Daß eine Gesellschaft von Menschen weder Götter,
noch Altäre, noch selbst ein Wort in ihrer Sprache gehabt, um ein höchstes Wesen zu bezeichnen; daß ein ganzes Volk noch lange, nachdem es kultivirt war, dem
Atheismus angehangen: solche Fälle findet man wirklich.
„Die Wirklichkeit des spekulativen negativen Atheismus
„(sagt der Abt Delachambre in seiner Abhandlung von
„der wahren Religion, Theil I. S. 7.) ist nicht minder
„gewiß und unstreitig.   Wie viel giebt es nicht noch
„Völker auf der Erde, die gar keinen Begriff von einem
„höchsten Gotte haben; entweder weil sie zu dumm und
„alles Nachdenkens unfähig sind; oder weil es ihnen nie
„eingefallen ist, über diesen Punkt nachzusinnen.‟ Solche Fälle findet man, sage ich, und dieß ist kein so gros-
ses Wunder.   Die Wunder der Natur liegen uns lange
vor Augen, ehe wir so viel Vernunft haben, um uns bis
zur Erkenntniß Gottes von ihnen erleuchten zu lassen.
Wenn wir gleich mit eben der Vernunft in die Welt kämen, womit wir das erstemal in die Oper giengen: so
würden wir bey der Größe, der Pracht und der Kunst
der Dekorationen uns unmöglich entbrechen können,
den ewigen Werkmeister, der ein so herrliches Schauspiel
bereitet, zu erkennen: aber, wer wird sich noch über etwas wundern, das er schon seit funfzig Jahren sieht?

Wesen, wie der Mensch, bey dem die Fähigkeit zu denken und zu reflektiren sich erst nach und nach in unmerklichen Graden entwickelt, daß so ein Wesen, moralisch zu reden, von der Wiege an geübt gnug seyn solle, um die Richtigkeit und die Verbindung jener feinen Spekulationen, jener subtilen und metaphysischen Raisonnemens über das Daseyn eines Gottes einzusehn.

Aber angenommen daß eine Kreatur, die unfähig ist zu denken und zu reflektiren, dennoch

Der eine Theil, zu sehr mit seinen Bedürfnissen beschäftigt, hat kaum die Zeit gehabt, sich metaphysischen Spekulationen zu widmen; der Aufgang der Sonne rufte ihn zur Arbeit, die schönste, die rührendste Nacht war für ihn stumm, sie sagte ihm weiter nichts, als daß es Zeit zum Schlafengehen wäre. Der andre Theil, der zwar weniger beschäftigt war, hat entweder nie die Gelegenheit gehabt, die Natur zu befragen, oder doch nie den Verstand, ihre Antwort zu hören. Das philosophische Genie, dessen Scharfsinn zuerst das Joch der Gewohnheit abschüttelte, das zuerst über die Wunder, die es umgaben, erstaunte, in sich selbst gieng, sich über die Ursache dessen, was es sah, befragte, und sich Rechenschaft davon gab, hat erst sehr spät aufstehen, und hat dann hinsterben können, ohne seinen Meynungen Beyfall verschafft zu haben.

G 3

gute Eigenſchaften und einige richtige Reigungen
habe, daß ſie ihre Gattung liebe, daß ſie muthig,
erkenntlich und mitleidig ſey: ſo iſt gewiß,
daß in dem Augenblicke, da wir dieſer lebendigen Maſchine die Fähigkeit des vernünftigen
Nachdenkens geben, ſie dieſe tugendhaften Neigungen billigen, ſich in dieſen geſelligen Trieben
ſelbſt gefallen, darinnen Anmuth und Reize finden, und die entgegengeſetzten Leidenſchaften ver-
abſcheuen werde.   In gleichem Augenblicke
wird ſie alſo von dem Unterſchiede zwiſchen
Recht und Unrecht gerührt, und der Tugend fähig ſeyn.

      Man kann alſo annehmen, daß eine Kreatur
Begriffe von Recht und Unrecht hatte, und daß
ſie die Kenntniß von Tugend und Laſter beſaß,
ehe ſie noch zu klaren und deutlichen Begriffen
von der Gottheit gekommen war.   Auch hilft
noch die Erfahrung dieſe Vorausſetzung beſtätigen.   Denn bemerkt man nicht bey Völkern, die
auch keinen Schatten von Religion haben, eben
die Verſchiedenheit der Charaktere, die man in den
aufgeklärten Gegenden antrift? Machen Laſter
und Tugend keinen Unterſchied unter ihnen?
Wenn die einen ſtolz, hart und grauſam, und
folglich geneigt ſind, gewaltſame und tyranni-
ſche Handlungen zu billigen; ſo ſind andre von

Natur leutselig, sanftmüthig, bescheiden, edelge-
sinnt, und lieben daher friedliche und gesellige
Neigungen.

Um nunmehr zu bestimmen, was die Erkenntniß eines Gottes bey den Menschen wirkt,
so muß man wissen, aus was für Absichten und
Gründen sie ihm Ehre erweisen und seinen Be-
fehlen gehorchen. Dieß geschieht entweder um
seiner Allmacht willen, und weil sie glauben, daß
sie Gutes von ihm zu hoffen und Böses zu fürchten haben; oder es geschieht um seiner Vortreflichkeit willen, und in der Ueberzeugung, daß es
der höchste Grad der Vollkommenheit sey, sein
Betragen nachzuahmen.

Fürs erste; wenn man Gott nur aus Bewegungsgründen einer knechtischen Furcht oder eines lohnsüchtigen Eigennutzes anbetet, weil er
Macht über uns hat; wenn die Kreatur nur
um der gehoften Belohnungen, oder der gefürch-
teten Strafen willen, das Gute ungerne thut,
und das Böse ungerne läßt: so haben wir schon
bewiesen, daß dann die Kreatur weder Tugend
noch Güte besitze. Dieser knechtische Anbeter mit
seinem vor den Menschen untadelhaften Wandel
hat vor Gott nicht mehr Verdienst, als wenn er
ohne Furcht seinen verkehrten Neigungen gefolgt
wäre. Bey einer auf die Art gebesserten Krea-

tur hat eben ſo wenig Frömmigkeit, Rechtſchaffenheit, Heiligkeit ſtatt, als Unſchuld und Ent-
haltſamkeit bey einem Affen, der ſich vor der
Peitſche fürchtet, als Sanftmuth und Gelehrigkeit bey einem Tyger, der an der Kette liegt.
Die Handlungen ſolcher Thiere, oder ſolcher
Menſchen, mögen ſeyn wie ſie wollen, ſo lange
die innre Neigung unverändert bleibt, ſo lange
ſich das Herz widerſetzt, ſo lange nur die Furcht
den Willen einſchränkt: ſo iſt der Gehorſam,
und alles, was er aus Furcht vollbringt, niedrig
und ſklabiſch. Je bereitwilliger der Gehorſam,
je tiefer die Unterwerfung iſt, deſto größer iſt die
Niederträchtigkeit, was auch immer dadurch geſchehen möge. Der Herr ſey böſe oder gut; was
liegt daran, wenn der Sklave immer derſelbe
bleibt? Ja noch mehr, wenn der Sklave einem
Herrn voller Güte nur aus heuchleriſcher Furcht
gehorcht; ſo iſt ſeine Gemüthsart nur deſto
ſchlimmer und ſein Dienſt nur deſto nichtswürdi-
ger. Eine ſolche zur Fertigkeit gewordne Ver-
ſtellung verräth die höchſte Anhänglichkeit an
den eignen Vortheil und eine gänzliche Verderbniß im Charakter.

Fürs zweyte; wenn der Gott eines Volks
ein vortrefliches Weſen iſt, und als ein ſolches
verehrt wird; wenn man, ohne Rückſicht auf ſei-

ne Macht, vornehmlich nur seine Güte verehrt;
wenn man in dem Charakter, welchen ihm seine
Diener beylegen, und in den Geschichten, die sie
von ihm erzählen, eine entschiedne Liebe für die
Tugend und eine allgemeine Zuneigung zu allen
Wesen bemerkt: so muß gewiß ein so schönes Muster unumgänglich zum Guten ermuntern, und
die Liebe der Gerechtigkeit gegen alle entgegengesetzte Neigungen befestigen.

Doch vereinigt sich noch ein andrer Bewegungsgrund mit der Gewalt des Beyspiels, um
dieß zu bewirken. Ein vollkommner Theist ist
von der Vortreflichkeit eines allmächtigen Wesens, das ein Zuschauer des menschlichen Betragens, und ein Augenzeuge alles dessen ist, was
in der Welt vorgeht, auf das stärkste überzeugt.
Im dunkelsten Aufenthalt, in der tiefsten Einsamkeit sieh: ihn sein Gott. Er handelt also in Gegenwart eines für ihn tausendmal ehrwürdigern
Wesens, als die ansehnlichste Versammlung in
der Welt seyn kann. Wie sehr müßte er sich also schämen, in dieser Gesellschaft eine häßliche
Handlung zu begehn! Welches Vergnügen hingegen, die Tugend in Gegenwart seines Gottes
ausgeübt zu haben, wenn er auch gleich von ver-
läumberischen Zungen gelästert, und von der ganzen Gesellschaft sollte geschmäht und verachtet wer-

ben! Der Theismus begünſtigt alſo die Tugend,
und der Atheismus, der einer ſo großen Hülfe
entbehrt, iſt in dieſem Stücke mangelhaft.

Laßt uns nun unterſuchen, was die Furcht
künftiger Strafen und die Hoffnung künftiger
Güter bey der nämlichen Religion in Beziehung
auf die Tugend wirken würden. Man wird ſogleich aus dem, was wir kurz vorhin geſagt haben, ſchließen können, daß dieſe Hoffnung und
dieſe Furcht nicht zu den anſtändigen und edelmüthigen Neigungen gehören, noch von der Art
der Bewegungsgründe ſind, welche das moraliſche Verdienſt der Handlungen vollkommen machen. Wenn dieſe Bewegungsgründe einen über-
wiegenden Einfluß auf das Betragen einer Kreatur haben, die ſich vornehmlich durch eine uneigennützige Liebe ſollte regieren laſſen : ſo iſt das
Betragen knechtiſch und die Kreatur noch nicht
tugendhaft.

Man ſetze hierzu die beſondre Bemerkung, daß
bey allen Religionshypotheſen, wo Hoffnung und
Furcht als die vornehmſten und erſten Triebfedern unſrer Handlungen angenommen werden,
der Eigennutz, der von Natur in uns nur allzu-
lebhaft iſt, durch nichts eingeſchränkt und gemäſ-
ſigt wird, und ſich folglich täglich durch die
Uebung der Leidenſchaften in ſo wichtigen Din-

gen beſtärken muß. Es iſt alſo zu befürchten,
daß dieſe knechtiſche Neigung in die Länge die
Oberhand gewinne, und ihre Macht in allen Vorfällen des Lebens äußre, daß eine zur Fertigkeit
gewordne Aufmerkſamkeit auf das Privatintereſſe,
die Liebe des allgemeinen Wohls deſto mehr ſchwä-
che, je größer das Privatintereſſe iſt: mit einem
Worte, daß ſich Herz und Geiſt gleichſam verengen, ein Fehler, den man, wie die Moraliſten ſagen,
bey den Eiferern *) in jeder Religion bemerken
kann.

Dem ſey wie ihm wolle, ſo muß man
einräumen, daß, wenn die wahre Frömmigkeit
darinnen beſteht, Gott um ſein ſelbſt willen
zu lieben, eine ängſtliche Aufmerkſamkeit auf
das Privatintereſſe ſie gewiſſermaßen erniedrigen
muß. Gott bloß als die Urſache ſeines beſondern Glücks lieben, das heißt für ihn die Zuneigung eines Böſewichts gegen das elende Werk-
zeug, ſeiner Lüſte haben. Ueberdem; je mehr der
Eifer für den eignen Vortheil Platz gewinnt, deſto weniger Raum läßt er der Liebe des gemeinen
Beſten oder jedes andern Gegenſtandes, der durch
ſich ſelbſt unſre Bewundrung und Achtung ver-

---

*) Dieß macht eigentlich die Bigotterie aus; denn die
wahre Frömmigkeit, eine zum Heroismus faſt weſentliche Eigenſchaft, erweitert Herz und Geiſt.

dient, mit einem Wort, der Liebe eines Gegenſtandes, wie der Gott erleuchteter Menſchen iſt.

So kann die übertriebne Liebe zum Leben der
Tugend ſchaden, die Liebe des gemeinen Beſten
ſchwächen, und die wahre Frömmigkeit untergraben. Denn, je größer dieſe Neigung iſt, deſto
weniger iſt die Kreatur fähig, ſich mit Aufrichtigkeit den Geboten der Gottheit ganz zu übergeben; und wenn etwa die Hoffnung künftiger Belohnungen, mit Ausſchließung aller Liebe, der einzige Bewegungsgrund dieſes vollkommnen Ge-
horſams wäre, wenn dieſer Gedanke alle edle
und uneigennützige Geſinnung bey ihr ganz aus-
ſchlöſſe; ſo würde das ein wahrer Handel ſeyn,
der weder von Tugend noch Verdienſt zeugte,
und deſſen Formular eigentlich alſo lautete: „Ich
„überlaſſe Gott mein Leben und meine gegenwär-
„tigen Vergnügungen, unter der Bedingung,
„daß ich dafür von ihm ein künftiges Leben und
„künftige Freuden von weit größerm Werth er-
„halte.‟

Ob gleich die Heftigkeit der eigennützigen Neigungen der Tugend nachtheilig werden kann, ſo
muß ich doch geſtehn, daß es Fälle giebt, wo die
Furcht der Strafen und die Hoffnung der Belohnungen ihr zur Stütze dienen, ſo lohnſüchtig
auch beide ſind.

Die heftigen Leidenschaften, wie der Zorn,
der Haß, die Wolluſt und andre, können, wie wir
ſchon bemerkt haben, die lebhafteſte Liebe des gemeinen Beſten erſchütter·t, und die feſteſten Begriffe von Tugend ausrotten. Wenn alſo die
Seele ihnen keinen Damm entgegenſtellen könnte, ſo würden ſie unfehlbar dieſe Verheerung an-
richten, und der beſte Charakter in die Länge aus-
arten. Die Religion verhindert dieſes; ſie ruft
uns unaufhörlich zu, daß dieſe Leidenſchaften
und alle Handlungen, die daraus entſtehen, ver-
flucht und in den Augen Gottes ein Greuel ſind;
ihre Stimme erſchreckt das Laſter und befeſtigt
die Tugend; die Ruhe kömmt in die Seele zurück, ſie erkennt die Gefahr, in der ſie war, und
hängt feſter als jemals an den Grundſätzen, die
ſie ganz zu verlaſſen im Begriff ſtand.

Die Furcht der Strafen und Hoffnung der
Belohnung ſind ferner geſchickt, denjenigen zu
bekräftigen, welchen der Streit den Neigungen
in der Tugend wankend gemacht hatte. Noch
mehr, iſt einmal die Seele mit falſchen Begriffen
angefüllt, und verſtockt ſich die von abgeſchmack-
ten Meynungen eingenommne Kreatur gegen die
Wahrheit, verkennt ſie das Gute, widmet ſie ihre
Achtung dem Laſter, und giebt ihm den Vorzug;
ſo iſt ohne Furcht vor Strafen und ohne Hoff-

nung von Belohnungen keine Beſſerung mehr zu
hoffen.

Man denke ſich einen Menſchen, der einige
natürliche Güte und Rechtſchaffenheit des Charakters hat, aber gebohren mit einer feigen und
weichlichen Gemüthsart, die ihn unfähig macht,
der Widerwärtigkeit die Spitze zu bieten und
dem Elend zu trotzen. Trifft ſich nun das Unglück, daß er dieſen Prüfungen ausgeſetzt wird,
ſo bemächtigt ſich der Kummer ſeiner Seele, alles betrübt ihn, alles macht ihn unwillig; er
zürnt gegen den, den er für die Urſache ſeiner Leiden anſieht. Fällt es ihm in dieſem Zuſtande
ein, oder geben ihm böſe Freunde den Gedanken
an die Hand, daß ſeine Redlichkeit die Quelle ſeines Elends ſey, und daß er, um ſich mit dem
Glück auszuſöhnen, mit der Tugend brechen
müſſe: ſo iſt gewiß, daß ſeine Achtung gegen
dieſelbe in dem Grabe abnehmen wird, in dem
die Unruhe und der Unmuth in ſeiner Seele
wächſt, und daß ſie bald gar verſchwinden wird,
wenn die Betrachtung künftiger Güter, deren
Genuß ihm die Tugend zum Erſatz für die, über
deren Verluſt er ſeufzet, verſpricht, ihn nicht gegen die traurigen Gedanken, die ihm einkom-
men, oder den böſen Rath, den man ihm giebt,
unterſtützt, nicht das bevorſtehende Verderben ſei-

nes Charakters aufhält, und ihn in den vorigen
Grundsätzen bestärkt.

Hat man durch falsche Urtheile gewisse Laster lieb gewonnen, und gegen die entgegengesetzten Tugenden Verachtung gefaßt; betrachtet
man, zum Exempel, die Vergebung der Beleidigungen als eine Niederträchtigkeit, und die
Rache als eine Heldenthat: so würde man vielleicht den Folgen eines solchen Irrthums vor-
bauen, wenn man erwöge, daß die Sanftmuth
durch die Ruhe und durch andre Vortheile, die
sie verschaft, ihre Belohnung mit sich führt, deren
uns die Rachsucht beraubt. Durch diesen heil-
samen Kunstgriff könnten die Bescheidenheit, die
Aufrichtigkeit, die Mäßigkeit, und andre, oft
verachtete, Tugenden wieder in die gehörige
Achtung, und die entgegengesetzten Leidenschaften
in die gehörige Verachtung kommen; man könnte mit der Zeit dahin gelangen, jene auszuüben
und diese zu verabscheuen, ohne die geringste
Rücksicht auf die Vergnügungen oder die Schmerzen, die damit verbunden sind.

Aus diesen Gründen ist für einen Staat
nichts vortheilhafter, als eine tugendhafte Regierung, als eine billige Austheilung der Strafen und der Belohnungen. Dieß ist eine eherne
Mauer, an welcher die Rathschläge der Bösen

faſt immer zu Trümmern gehen; ein Damm, der
ihre boshaften Bemühungen zum Beſten des gemeinen Weſens ablenkt; es iſt, noch mehr als
dieß alles, ein ſichres Mittel die Menſchen der
Tugend treu zu machen, indem man ihren Privatvortheil mit der Tugend verknüpft; alle Vorurtheile, wodurch ſie davon abgeführt werden,
zu entfernen, ihr in ihren Herzen eine günſtige
Aufnahme zu verſchaffen, und ſie durch eine beſtändige Uebung im Guten auf einen Weg zu
leiten, von dem ſie ſich nicht ohne Mühe ablei-
ten laſſen. Wenn es ſich fügte, daß ein dem
Deſpotismus und der Barbarey entrißnes Volk,
das unter einer billigen Regierung durch Geſetze geſittet gemacht und tugendhaft worden,
plötzlich wieder unter ein willführliches Regi-
ment, wie die orientaliſchen Verfaſſungen, gerie-
the: ſo wird ſeine Tugend die Feſſeln mit Unwillen ertragen, nur deſto bereiter ſie abzuſchütteln, nur deſto geſchickter ſeyn, ſie zu zerbrechen.
Wenn indeſſen die Tyranney und ihre Liſt
obſiegte, und dieß Volk alle Freyheit verlöre: ſo
würde doch, ehe noch eine ungerechte Austheilung der Strafen und Belohnungen ihm das Gefühl des Unrechts benommen, ehe es ſich noch
an die Feſſeln gewöhnt hätte, der ausgeſtreute
Saame der erſten Tugend noch immer neue

Wurzeln faſſen, die man auch in den folgenden
Generationen noch bemerken würde.

Aber, obgleich die billige Austheilung der
Strafen und Belohnungen in einem Staate eine
weſentliche Urſache von der Tugend eines Volks
iſt, ſo müſſen wir doch bemerken, daß das noch
kräftigere Beyſpiel ſeine Neigungen beſtimme und
ſeinen Charakter bilde *). Iſt die Obrigkeit
nicht tugendhaft, ſo wird die beſte Einrichtung
wenig fruchten; hingegen werden die Untertha-

*) Nicht alle Moraliſten ſind dieſer Meynung. „So
„groß iſt, ſagt einer von ihnen (in ſeinem Vorſchlage zur
„Beſöderung der Religion) die Verkehrtheit der Men-
„ſchen, daß das einzige Beyſpiel eines laſterhaften Für-
„ſten bald ſeine ganzen Unterthanen hinreißen wird, und
„daß das exemplariſche Leben eines tugendhaften Mon-
„archen nicht fähig iſt, ſie zu beſſern, wenn es nicht von
„andern Anſtalten unterſtützt wird. Der Fürſt muß al-
„ſo, indem er mit Nachdruck das Anſehen gebraucht,
„das ihm Zepter und Geſetze geben, ſo verfahren, daß
„es eines jeden Vortheil erfodre, der Tugend anzuhan-
„gen, indem er die Laſterhaften aller Hoffnung zu Be-
„ſöderungen beraubt. Es iſt offenbar, daß dieſer gelehr-
te Schriftſteller ſich mehr Vortheil von einer guten
Staatsverwaltung als von einem guten Beyſpiele verſpricht.

Erſter Theil.   H

nen die Gesetze lieben und achten, wenn sie einmal von der Tugend dessen überzeugt sind, der sie richtet.

Aber wieder auf die Belohnungen und Strafen zu kommen, so werden sie der Gesellschaft weniger durch ihr Anlocken- und Abschreckendes vortheilhaft, als dadurch, daß sie durch diese öffentlichen Zeugnisse der Billigung und Mißbilligung des ganzen menschlichen Geschlechts, die Hochachtung der Tugend und den Haß des Lasters, sowohl bey den Bösewichte, als bey dem ehrlichen Manne, erwecken. In der That, sieht man insgemein bey Hinrichtungen, daß die Schande des Verbrechens und das Schimpfliche der Strafe beynahe den ganzen Schmerz des Missethäters ausmachen. Nicht sowohl der Tod, als der Galgen oder das Rad, das ihn für einen Uebertreter der Gesetze der Gerechtigkeit und der Menschlichkeit erklärt, verursacht das Schaudern des Verbrechers und der Zuschauer.

Im häuslichen Leben ist die Wirkung der Belohnungen und Strafen die nämliche, wie im Staat. Ein strenger Herr wird mit der Geißel in der Hand seinen Sklaven oder seinen Miethling unstreitig auf seine Schuldigkeit aufmerksam, aber dadurch nicht besser machen. Hingegen wird er, wenn er einen sanftern Charak-

ter besitzt, durch schwache Belohnungen und leich-
te Züchtigungen tugendhafte Kinder bilden.
Bald durch Drohungen, bald durch Liebkosungen
wird er ihnen Grundsätze einprägen, die sie bald
ohne Rücksicht auf die Belohnungen, die sie er-
munterte, oder auf die Ruthe, die sie schreckte, befolgen werden. Dieses allein nennen wir eine edle
und anständige Erziehung. Jede andre Verehrung, die man Gott erzeigt, jeder andrer Dienst,
den man dem Menschen leistet, ist niederträchtig,
und verdient nicht das geringste Lob.

Wenn die Belohnungen, die die Religion
verheißt, edel sind, wenn das künftige Glück eines andern Lebens in dem Genuß eines tugendhaften Vergnügens, zum Exempel, in der Ausübung oder der Betrachtung der Tugend selbst
besteht, (und dieß ist der Fall beym Christenthum *), so ist offenbar, daß die Begierde nach

---

*) Man kann aus dieser Betrachtung schließen, daß
das Christenthum unter allen Religionen der Welt vielleicht die einzige gewesen, welche den Menschen würdige
Belohnungen in einem andern Leben verheißen. Der
Jude, mit irrdischem Glück zufrieden, wußte wenig von
andern Hoffnungen. Der Aegypter hoffte durch einen
guten Wandel dereinst ein weißer Elephant zu werden.
Der Heide schmeichelte sich in den elysischen Gefilden

einem ſolchen Zuſtande nur aus einer großen Liebe zur Tugend entſpringen kann, und folglich
alle Würde ihres Urſprungs behält. Denn dieſe Begierde iſt keine eigennützige Empfindung;
die Liebe zur Tugend iſt nie eine niederträchtige
Neigung: folglich kann auch die Begierde nach dem
andern Leben um der Tugend willen nicht dafür gehalten werden. Aber wenn die Begierde nach
einem andern Leben aus dem Entſetzen vor dem
Tod oder der Vernichtung entſpränge, wenn
ſie durch eine laſterhafte Neigung, oder durch eine Liebe zu Dingen, die mit der Tugend ſtreiten,
veranlaßt würde, ſo wäre ſie nicht mehr tugendhaft.

Wenn alſo eine vernünftige Kreatur, ohne
Rückſicht auf die Tugend, das Leben blos als
Leben liebt, ſo wird ſie vielleicht, um es zu erhalten, oder aus Furcht vor dem Tode, eine männ-
liche That verrichten, vielleicht ſich Gewalt an-
thun, die Gegenſtände ihrer Furcht zu verachten,
und ſo nach der Vollkommenheit ſtreben; aber
dieſe Bemühung iſt noch keine Tugend. Eine

herum zu wandeln, Nektar zu trinken und Ambroſia zu
ſpeiſen. Der Mahometaner, durch ſein Geſetz des Wei-
nes beraubt, und von Natur wollüſtig, hofft ſich ewig
unter grauen, rothen, grünen und weißen Houris zu be-
rauſchen — Aber der Chriſt ſoll ſeines Gottes genießen!

solche Kreatur ist höchstens auf einem guten Wege
begriffen; sie gelangt nur deswegen nicht ganz
zum Ziele, weil der Bewegungsgrund, von dem
sie ausgieng, offenbar niederträchtig war; denn
mit einem Worte, sie ist nicht eher tugendhaft,
als bis sie in sich eine Neigung zur wahren moralischen Güte, ohne Rücksicht auf ihren besondern Nutzen, erweckt hat.

Das sind die Vortheile und Nachtheile, welche die
Tugend aus ihren Verbindungen mit dem Privatinteresse der Kreatur zieht. Denn obgleich alle die
mannichfaltigen interessirten Absichten wenig ge-
schickt sind, den Handlungen einen Werth zu geben, so wird doch der Mensch nur desto stand-
hafter in der Tugend seyn, wenn er einmal überzeugt ist, daß sie seinen wahren Nutzen nie hindert.

Derjenige also, der sich durch reife Ueberlegung und gründliches Nachdenken überzeugt hat,
daß man in dieser Welt nur in sofern glücklich
sey, als man tugendhaft ist, und daß das Laster
nicht anders als elend seyn könne, der hat seiner
Tugend eine löbliche und nothwendige Sicherheit gegeben. Wann er, ohne in der moralischen
Rechtschaffenheit Vortheile zu suchen, die sich auf
seinen jetzigen Zustand, seine Natur, oder andre
ähnliche Umstände beziehen, überzeugt ist, daß ei-

H 3

ne höhere und auf den Lauf der Welt ſtets auf-
merkſame Macht dem ehrlichen Mann gegen die
Anfälle des Böſewichts beyſteht: ſo wird er nie
etwas von der Tugend ſchuldigen Achtung verlieren, einer Achtung, die vielleicht ohne dieſem
Glauben ſich bey ihm vermindern würde. Wenn
er aber von einem wirklichen Beyſtande der
Vorſehung wenig überzeugt iſt, hingegen eine
ſtandhafte Erwartung künftiger Belohnungen
hegt, ſo wird ſeine Tugend in dieſer Hypotheſe die
nämliche Unterſtützung finden.

Indeſſen bemerke man, daß bey einem Lehrgebäude, wo man jene unendlichen Belohnungen
gar zu ſehr erhübe, die Herzen davon ſo ſehr gerührt werden könnten, daß ſie die uneigennützi-
gen Bewegungsgründe zur Tugend verachteten,
und vielleicht in die Länge gar vergäßen. Ueberdem muß eine ſolche wundervolle Erwartung
unausſprechlicher Güter eines andern Lebens ganz
natürlich den Werth der vergänglichen Dinge in
dieſem Leben verringern, und den Eifer nach denſelben ſchwächen. Eine von einem ſo beſondern
und ſo erhabnen Intereſſe eingenommene Kreatur, könnte alles Uebrige für Nichts achten, und,
ganz mit ihrem ewigen Heil beſchäftigt, zuweilen
verſucht werden, die Reize der Freundſchaft, die
Geſetze des Blutes, und die Pflichten der Menſch-

heit als verächtliche Zerstreuungen und gering-
schätzige, irrdische und vergängliche Neigungen
anzusehen. Eine so entzündete Phantasie wird
vielleicht die zeitlichen Vortheile der Güte und
die natürlichen Belohnungen der Tugend ver-
schreien, die Glückseligkeit der Lasterhaften bis
gen Himmel erheben, und in der Hitze eines un-
besonnenen Eifers behaupten, „daß sie, ohne die
„Aussicht künftiger Güter, und ohne die Furcht
„ewiger Strafen, der Rechtschaffenheit entsagen,
„und sich ganz der Ausschweifung, dem Laster
„und der Verderbtheit überlassen würde.“ Dieß
beweist, daß in gewißem Betracht der Tugend
nichts nachtheiliger seyn würde, als ein unge-
wisser und unbestimmter Glaube künftiger Strafen und Belohnungen. Denn, wenn der Grund,
worauf man ein *) ganzes moralisches Gebäu-

*) Ich habe einen Baumeister gesehen, der ein Gebäu-
de, das auf der einen Seite einzustürzen drohte, so heftig stützte, daß es auf der andern umfiel. Fast eben das
hat sich in der Moral zugetragen. Man hat sich nicht
begnügt, die Vortheile der Tugend und der Rechtschaffenheit zu erheben, man hat diese für zu schwach gehalt-
ne Stützen noch mit so viel andern vermehrt, so daß das
ganze Gebäude davon umstürzen mochte. Man hat die
Belohnungen, die künftig der Tugend warteten, so sehr

de gegründet hat, einmal wegfällt, ſo ſehe ich
die Tugend wanken, ohne Unterſtützung bleiben,
und dem Umſturz nahe kommen.

Was den Atheismus betrifft, ſo folgt es nicht
geradezu, daß er die Vortheile der Tugend ver-
kleinern müſſe *). Man darf nicht nothwendig
einen Gott glauben, um von dem Nutzen der Tugend überzeugt zu ſeyn. Iſt aber das entgegen-
geſetzte Vorurtheil einmal gefaßt, ſo hat man alsdann keine Hülfe gegen das Uebel, und in ſoferne

erhoben, daß die Menſchen Gefahr gelaufen ſind, keine
andern Gründe zur Tugend zu haben. Und doch ſcheint
eine Kreatur alles Verdienſt zu verlieren, ſo bald dieſe
Geſinnung alle erhabnere Bewegungsgründe bey ihr aus-
ſchließt.

*) Der Atheismus läßt die Redlichkeit ohne Unter-
ſtützung, ja, was noch ärger, er führt unmittelbar zum
moraliſchen Verderben. Indeſſen war doch Hobbes ein
guter Bürger, guter Vater, guter Freund, ohne an Gott
zu glauben. Die Menſchen fallen ſtets in Widerſprüche; man beleidigt einen Gott, deſſen Daſeyn man zugiebt, man leugnet das Daſeyn eines Gottes, um den
man ſich wohl verdient gemacht hat; und, wollte man
ſich ja wundern, ſo ſollte man ſich eher über einen laſterhaften Chriſten, als über einen tugendhaften Gottes-
läugner wundern.

muß man gestehn, steht der Atheismus dieser Ueberzeugung von dem Nutzen der Tugend entgegen.

Es ist fast unmöglich, die gegenwärtigen
Vortheile der Tugend sehr zu schätzen, wenn man
nicht einen sehr hohen Begriff von dem Vergnügen hat, das aus der Achtung und dem Wohlwollen des menschlichen Geschlechts entsteht.
Aber um den ganzen Werth dieses Vergnügens
zu kennen, muß man es selbst empfunden haben.
Auf den entzückenden Besitz der edelmüthigen Zuneigung der Menschen, und auf die Kenntniß von
der Größe dieses Vergnügens, stützen sich diejenigen, welche das wahre Glück in die Ausübung
der Tugenden setzen. Aber annehmen, daß es in
der Natur weder Güte noch Schönheit gebe, daß
das höchste Wesen, welches uns das Wohlwollen
gegen unsres gleichen durch tägliche Proben, die
wir von dem seinigen empfangen, vorschreibt,
nur eine Schimäre sey: dieß ist nicht das Mittel die gesellschaftlichen Neigungen zu schärfen,
und die uneigennützige Liebe zur Tugend einzuflößen. Im Gegentheil zielt ein solches System
dahin ab, die Ideen von Schönheit und Häßlichkeit zu verwirren, und die gewöhnliche Bewundrung zu unterdrücken, die wir bey Betrachtung
der Absichten, der richtigen Verhältnisse, und der
ganzen großen Harmonie der Welt zu empfinden

pflegen. Denn was kann die Welt dem noch
Großes und Bewundrungswürdiges darbieten,
der die Welt ſelbſt als ein Muſter von Unordnung betrachtet? Wird wohl der, für den das
Ganze von allen Vollkommenheiten entblößt und
nur ein ungeheures Chaos iſt, noch einige Schönheit in den ungeordneten Theilen bemerken?

Indeſſen, was iſt niederſchlagender, als der
Gedanke, daß man in einem ewigen Chaos exi-
ſtirt, daß man einen Theil einer verdorbnen Maſchine ausmacht, von der man tauſend Unfälle zu
fürchten hat, und wo man nichts Gutes, nichts
Angenehmes, nichts wahrnimmt als was Verachtung, Haß und Eckel erregen muß. Solche
finſtre und melancholiſche Vorſtellungen müſſen
einen Einfluß auf den Charakter haben, die geſellſchaftlichen Neigungen anſtecken, das Gemüth
mürriſch machen, die Liebe zur Gerechtigkeit
ſchwächen, und endlich die Grundſätze der Tugend untergraben.

Nicht ſo der, der einen Gott anbetet, und
zwar einen Gott, der nicht ohne Grund mit dem
Namen des Gütigen beehrt wird, ſondern der es
in der That iſt, einen Gott, deſſen Geſchichte auf
allen Seiten Beweiſe ſeiner Sanftmuth und Gü-
tigkeit darbietet. Ein ſolcher Menſch nimmt, um
dieſes Glaubens willen, auch künftige Belohnun-

gen und Strafen an; er ist überzeugt, daß die
Belohnungen dem Verdienst und der Tugend,
und die Strafen dem Laster und der Bosheit bestimmt sind, ohne daß Eigenschaften, die mit diesen in keiner Verbindung stehen, oder unvorge-
sehne Umstände seine Erwartung hintergehen
könnten: sonst würde er ja die Begriffe von Strafe und Belohnung aus den Augen verlieren, nur
eine eigensinnige Vertheilung von Gütern und
Uebeln annehmen, und sein ganzes System in
Ansehung der andern Welt, in dieser nicht den
geringsten Nutzen für die Tugend haben. Durch
Hülfe dieser Hypothesen könnte er seine Redlichkeit auch in den gefährlichsten Umständen des Lebens erhalten, wenn er durch sonderbare Zufälle,
oder durch sophistische Grübeleyen, auf die unse-
lige Meynung verfallen wäre, daß man seiner
Glückseligkeit entsagen müssen, um an seinem
Heil zu arbeiten.

Indessen scheint mir dieses der Tugend wi-
derstreitendes Vorurtheil sich mit einem gereinig-
ten Theismus nicht zu vertragen *). Es ver-

---

*) Wenn die Tugend schon in dieser Welt ihre Be-
lohnung, und das Laster seine Strafe mit sich führt:
welch ein Bewegungsgrund der Hoffnung für den Theisten! Wird er dann nicht Ursache haben zu glauben, daß
das höchste Wesen, welches schon in diesem Leben Gu-

halte ſich mit dem künftigen Leben, oder mit
künftigen Strafen und Belohnungen, wie es

ten und Böſen nach Gerechtigkeit vergilt, auch in jenem
Leben nicht anders verfahren werde? Wird er nicht die
vergänglichen Güter, die er genießt, als Unterpfänder
des ewigen Glücks, das ſeiner wartet, betrachten können? Denn wenn gleich die Tugend wahre Vortheile
hat, ſo koſtet es immer doch noch viel tugendhaft zu ſeyn;
wenn gleich der Zuſtand des ehrlichen Mannes hienieden nicht beweinenswürdig iſt, ſo fehlt ihm doch immer
noch viel zu einer vollkommnen Glückſeligkeit; es bleiben ihm noch immer unbefriedigte Wünſche übrig: und
ſtimmen nicht dieſe Wünſche, als unſtreitige Beweiſe
von der Unzulänglichkeit ſeiner jetzigen Belohnung, mit
der Offenbarung, die er anzunehmen willig iſt, dahin
überein, daß ſie ihn eines künftigen Lebens verſichern?
Nähme man im Gegentheil an, daß der Rechtſchaffne
in dieſer Welt nur unglücklich ſey, und daß das zeitliche Glück mit der Tugend nicht beſtehen könne: würde
ihn dann die ſonderbare Leitung der Schickſale in der
Welt nicht bewegen, ein Mistrauen in die Ordnung zu
ſetzen, die in jenem Leben herrſchen ſoll? Die Tugend
verſchrein, heißt das alſo nicht dem Atheismus gewonnen Spiel geben? Die ſcheinbaren Unordnungen in der
Natur vergrößern, heißt das nicht, das Daſeyn eines
Gottes erſchüttern, ohne den Glauben eines künftigen

wolle: wird wohl derjenige, der als ein wahrer
Theist ein höchstes Wesen in der Natur, eine
denkende Substanz, die alles mit Weißheit und
Güte regieret, annimmt, wird dieser sich wohl
vorstellen können, daß ein solches Wesen mit den
Handlungen, die ihm vorgeschrieben sind, sein
Unglück in dieser Welt verbunden habe? Anneh=
men, daß die Tugend zu den natürlichen Uebeln
einer Kreatur gehöre, und daß das Laster stets
ihr Wohl befördere; heißt das nicht die Ordnung
der Welt und die allgemeine Einrichtung der
Dinge eines wesentlichen Fehlers, einer groben
Unvollkommenheit beschuldigen?

Noch habe ich einen neuen Vortheil zu be=
trachten, den der Theismus vorzüglich vor der
Atheisterey der Kreatur in Rücksicht der Tugend
gewähret. Bey dem ersten Anblick wird man von

Lebens zu bekräftigen? Es ist eine ausgemachte Sache,
daß diejenigen, die die beste Meynung von den Vorthei=
len der Tugend in dieser Welt hegen, nicht minder
standhaft in der Erwartung einer andern Welt sind.
Sehr wahrscheinlich ist es, daß es den Vertheidigern der
Tugend eben so natürlich sey, die Unsterblichkeit der
Seele, die sie zu wünschen Ursache haben, zu behaupten,
als den Anhängern des Lasters, diese Meynung, deren
Wahrheit sie zu fürchten haben, zu bestreiten.

folgender Betrachtung nicht gar zu vortheilhaft
urtheilen; ich fürchte, man wird ſie für eine leere Subtilität halten, und als eine philoſophiſche
Spitzfindigkeit verwerfen. Kann ſie indeſſen doch
einigen Eindruck machen, ſo muß es durch das
geſchehn, was wir ſo eben geſagt haben.

Jede Kreatur hat, wie wir bewieſen haben,
von Natur einige Grade von Bosheit, welche
von einem Abſcheu oder einer Neigung herrüh-
ren, die mit ihrem Privatintereſſe oder mit dem
gemeinen Beſten ihres Geſchlechts nicht überein-
ſtimmt. Daß ein denkendes Weſen das nöthige Maas von Abſcheu habe, wodurch es bey
Annäherung eines Unglücks kann beunruhigt
und gegen eine bevorſtehende Gefahr kann bewaffnet werden: das iſt der Ordnung gemäß
und auf keine Weiſe zu tadeln. Aber wenn der
Abſcheu fortdauert, nachdem das Unglück nun
einmal geſchehn iſt, wenn dann ſogar die Leidenſchaft noch zunimmt, und die Kreatur, wütend
über den Streich, den ſie erlitten, gegen das
Schickſal ſchreyt, zürnt, und ihren Zuſtand ver-
wünſcht: dann iſt freylich dieſe Heftigkeit an ſich
ſelbſt und in ihren Folgen fehlerhaft. Denn ſie
verderbt das Gemüth, in dem ſie es zum Zorne
geneigt macht, und ſtört, wenn ſie ausbricht, jenes ruhige Gleichgewicht der Neigung, das der

Tugend so zuträglich ist. Aber bekennen, daß
diese Heftigkeit fehlerhaft sey, dieß heißt zugleich
einräumen, daß, unter den nämlichen Umständen, eine stille Geduld und eine bescheidne Standhaftigkeit Tugenden seyn würden. Nun ist es,
nach der Hypothese derer, welche das Daseyn eines höchsten Wesens läugnen, gewiß, daß die
angebliche Nothwendigkeit der Ursachen keine Be-
gebenheit herbeyführen kann, welche ihren Haß
oder ihre Liebe, ihren Abscheu oder ihre Bewundrung verdiente. Da aber auch die allerschön-
sten Betrachtungen über den Eigensinn des
Schicksals, oder über die ungefähre Bewegung
der Atomen, nichts tröstendes haben: so ist es
schwer, daß der Atheist in verdrüßlichen Umständen, in den Zeiten der Noth und des Unglücks,
nicht mißmüthig werde, und in Lästerung gegen
eine so abscheuliche und so schädliche Einrichtung
ausbreche. Der Theist hingegen ist überzeugt:
„die Ordnung, welche in der Welt herrscht, möge
„eine Wirkung hervorgebracht haben, welche sie
„wolle, so könne sie nicht anders, als gut seyn."
Und dieß ist ihm genug. Auf solche Art ist er
bereit, die allerheftigsten Drangsale ohne Schaudern anzusehn, und ohne Murren alles zu ertragen, was sonst recht eigentlich dazu gemacht
scheint, jeder empfindenden und vernünftigen

Kreatúr ihren Zustand unbequem und ihr Daseyn verhaßt zu machen. Dieß ist aber noch nicht
alles.   Sein System kann ihn sogar zu einer
völligen Aussöhnung mit seinem Schicksale bringen; er wird sogar seinen Zustand liebgewinnen.
Denn was hindert ihn, seine Ideen zu erweitern,
sich über sein Geschlecht hinaus zu schwingen,
und die Plage, die ihn drückt, als das Glück eines minder engen Vaterlandes zu betrachten,
wovon er ein Glied ist, und dessen Nutzen er als
ein großmüthiger und treuer Bürger lieben muß.
    Diese Richtung seiner Neigung muß die hel-
denmüthigste Beständigkeit hervorbringen, die
ein Mensch im Leiden zeigen kann; muß in ihm
die großmüthigste Entschließung zu allem wirken,
was Ehre und Tugend nur fodern können.
Durch dieses Teleskop erblickt man die besondern
Zufälle, die Ungerechtigkeiten und die Bosheiten
in einem Lichte, wodurch man geneigt wird, sie
zu ertragen, und in dem ganzen Lauf des Lebens aufs gleichförmigste zu handeln.   Diese Richtung der Neigung, und dieses moralische
Teleskop, sind also in der That vortreflich, und
die Kreatur, die sie besitzt, ist vorzüglich gut und
tugendhaft. Denn alles was dazu beyträgt, der
Kreatur eine Neigung für ihre Rolle in der Gesellschaft einzuflößen, und sie mit einem mehr als

gewöhnlichen Eifer fürs gemeine Beste ihres Geschlechts zu beseelen, ist unstreitig in ihr ein Keim
einer mehr als gemeinen Tugend.

Eine stete Erfahrung lehrt, daß das Gefühl
und die Liebe der Harmonie, des Ebenmaaßes,
und der Ordnung in allen Arten von Dingen, durch
eine gewisse Sympathie, die Gemüthsart bessert,
die gesellschaftlichen Neigungen bestärkt, und die
Tugend unterstützt, die selbst nichts anders, als
eine Liebe der Ordnung, des Ebenmaaßes und
der Harmonie in Sitten und Betragen ist. In
den geringsten Gegenständen rührt die Ordnung
und findet Beyfall; ist aber einmal die Ordnung
und die Schönheit der Welt ein Gegenstand unsrer Bewunderung, so werden unsre Neigungen
an der Größe und Erhabenheit des Gegenstandes theilnehmen, und die elegante Empfindsam-
keit für das Schöne, eine der Tugend so günstige Neigung, wird uns bis zum Entzücken bringen *). In der That, wenn schon ein wenig

---

*) Est enim animorum ingeniorumque naturale quod-
dam quasi pabulum consideratio contemplatioque naturae. Erigimus, elatiores fieri videmus, humanae dispi-
cimus, cogitantesque supera atque coelestia, haec nostra
vt exigua et minima contemnimus. Indagatio ipsa rerum tam maximarum tam occultissimarum habet delecta-

Erster Theil. J

Harmonie und einige ſchickliche Verhältniſſe, die
man in den Produkten der Wiſſenſchaften und
Künſte wahrnimmt, Meiſter und Kenner zur Bewunderung hinreißen: ſollte es wohl möglich
ſeyn, ein göttliches Meiſterſtück ohne Entzücken
zu betrachten? Alſo:

Wäre auch der Theismus eine falſche Hypotheſe, und die Ordnung der Welt eine Schimäre: ſo würde nichts deſto weniger der Enthu-
ſiasmus für die Natur der Tugend günſtig ſeyn.
Iſt es aber der Vernunft gemäß, einen Gott zu
glauben; iſt die Schönheit der Welt etwas wirk-
liches: ſo wird jene Bewunderung bey jeder
dankbaren und empfindſamen Kreatur gerecht,
natürlich und nothwendig.

tionem. Si vero aliquid occurrat, quod veriſimile vi-
deatur, humaniſſima completur animus voluptate. Je
weiter ſich die Welt vor den Augen des Philoſophen
aufſchließt, deſto kleiner wird alles, was ihn umgiebt.
Die Erde verſchwindet unter ſeinen Füßen. Und was
wird aus ihm ſelbſt? — Indeſſen empfindet er doch einen
ſüßen Schauder bey dieſer Betrachtung, die ihn zu nichts
macht; wann er ſich gleichſam unter dieſer unendlichen
Menge von Weſen verloren hat, ſo empfindet er ein ge-
heimes Vergnügen, ſich unter den Augen der Gottheit
wieder zu finden.

Nunmehro ist es leicht, das Verhältniß der Tugend zur Frömmigkeit zu bestimmen. Die letztre ist eigentlich die Vollendung der erstern. Wo die Frömmigkeit mangelt, da sind die Standhaftigkeit, die Gelassenheit, die Gleichmüthigkeit, die Beherrschung der Leidenschaften, die Tugend unvollkommen.

Man kann also ohne die Erkenntniß eines wahren Gottes nicht zur moralischen Vollkommenheit gelangen, nicht die höchste Staffel der Tugend ersteigen.

Zweytes Buch.

Erster Theil.

Erster Abschnitt.

Wir haben gezeigt, worinn die moralische Tugend bestehe, und wie die Kreatur beschaffen seyn müsse, die man sittlich tugendhaft nennen soll. Nun ist uns noch übrig zu untersuchen, was für Bewegungsgründe, was für ein Interesse wir haben, diesen Namen zu verdienen.

Wir haben entdeckt, daß derjenige allein den Namen eines Tugendhaften verdiene, dessen sämmtliche Leidenschaften und Triebe, mit einem Wort alle Beschaffenheiten des Geistes und Herzens, dem gemeinen Besten seiner Gattung, das heißt, des Systems von Kreaturen gemäß ist, worinn ihn die Natur gesetzt, und wovon er ein Theil ist.

Wir haben festgesetzt, daß diese Leitung der Leidenschaften, diese richtige Mäßigung der Neigung, diese Uebereinstimmung der Triebe mit dem allgemeinen und Privatvortheil, in der Rechtschaffenheit,

Redlichkeit, Gerechtigkeit und natürlichen Güte bestehe.

Wir haben gezeigt, daß Verderben, Laster und Ausartung aus der Unordnung der Neigung entspringen, und einen dem vorigen ganz entgegengesetzten Zustand ausmachen.

Wir haben bewiesen, daß die Neigungen einer jeden Kreatur eine beständige und bestimmte Beziehung auf das allgemeine Beste ihrer Gattung haben. Eine Wahrheit, die wir in Ansehung der gesellschaftlichen Neigungen, dergleichen die väterliche Zärtlichkeit, der Trieb zur Fortpflanzung, die Erziehung der Kinder, die Liebe des Umgangs, die Erkenntlichkeit, das Mitleid, der wechselseitige Beystand in Gefahren und ähnliche sind, einleuchtend gemacht haben. Folglich muß man gestehn, daß es der Kreatur eben so natürlich sey, an dem allgemeinen Besten ihrer Gattung zu arbeiten, als einer Pflanze, Früchte zu bringen, und einem Organ, oder einem andern Theile unsres Körpers, die Ausdehnung und Gestalt anzunehmen, die der ganzen Maschine zuträglich ist *); und daß es dem Magen nicht

*) Man könnte hinzusetzen, daß jeder von uns in der Gesellschaft das ist, was ein Theil in Beziehung auf ein organisirtes Ganze. Die Messung der Zeit ist die we-

J 3

nicht natürlicher ſey zu verdauen, der Lunge Odem
zu hohlen, den Drüſen Säfte abzuſondern, und
den übrigen Eingeweiden ihre Dienſte zu verrichten: obgleich alle dieſe Theile in ihren Wirkungen durch Verſtopfungen und andre Zufälle
gehindert werden können.

Wenn man aber die Neigungen einer Kreatur in ſolche eintheilt, die dem gemeinen Beſten
ihrer Gattung günſtig ſind, und ſolche, die auf
ihren Privatvortheil zielen, ſo muß man daraus ſchließen, daß ſie ſich oft in dem Fall befinden wird, der einen Art der Neigung entgegen
zu handeln, um der andern zu folgen. Und wie
ſollte ſich auch ſonſt die Gattung erhalten können? Woher ſollte auch ſonſt der Kreatur jene

ſentliche Eigenſchaft einer Uhr; das Glück der Privat-
perſonen iſt der Hauptzweck der Geſellſchaft. Dieſe Wirkungen werden gar nicht, oder ſehr unvollkommen erfol-
gen, wenn nicht die Theile einer Uhr, und die Glieder einer Geſellſchaft, mit einander zuſammen ſtimmen.
Kommt ein Rad in Unordnung, ſo wird die Meſſung
der Zeit gehemmt oder geſtört werden. Nimmt ein einzelner Menſch eine Stelle ein, die nicht für ihn gemacht
iſt, ſo wird die allgemeine Wohlfarth darunter leiden,
oder gar zu Grunde gehen; und die bürgerliche Geſellſchaft nichts mehr als ein Bild einer verdorbnen Uhr ſeyn.

natürliche Neigung kommen, vermöge deren sie
sich mitten in die Gefahr stürzt, um Wesen zu
beschützen und zu erhalten, die ihr schon ihr Daseyn zu verdanken haben, und deren Erziehung ihr
so viele Sorgen kosten wird?

Man könnte also geneigt werden zu glauben,
daß es einen eigentlichen Widerspruch zwischen
diesen beiden Arten von Neigungen gebe, und
daß man dem Triebe fürs gemeine Beste nicht
folgen könne, ohne seinen eignen Vortheil darüber aufzuopfern. Denn, wenn man es für ausgemacht hält, daß die Sorgen, die Gefahren, die
Beschwerlichkeiten, von was für Art sie auch seyn
mögen, Uebel in dem System des Individuums
sind: so wird man, da es das Wesen der gesellschaftlichen Neigungen mit sich bringt, die Kreatur dar-
ein zu verwickeln, sogleich folgern, daß es ihr
Vortheil erfodre, sich von diesen Neigungen zu
befreyen.

So viel ist gewiß, daß jede gesellschaftliche
Neigung, z. E. das Mitleid, die Freundschaft, die
Erkenntlichkeit, und andre edle und großmüthige
Neigungen nicht anders bestehn und sich nicht an-
ders ausbreiten können, als auf Unkosten der in-
teressirten Leidenschaften; daß jene uns mit uns
selbst entzweyen, und uns die Augen vor unsren
Bequemlichkeiten und unsern besondern Wohl zu-

J 4.

drücken. Es scheint also, daß, wenn man vollkommen sich selbst leben, und sein Interesse mit
aller möglichen Lebhaftigkeit betreiben wollte,
man für sein eigen Glück nichts beßres thun
könnte, als ohne Schonung die ganze Reihe
von gesellschaftlichen Neigungen ausrotten, und
die Güte, die Sanftmuth, das Mitleid, die
Leutseligkeit u. s. w. als Ausschweifungen der
Phantasie oder Schwachheiten der Natur behandeln.

Diesen sonderbaren Vorstellungen zufolge,
müßte man annehmen, daß in jedem System von
Kreaturen das Interesse des Individuums dem allgemeinen widerspreche, und daß das Wohl der Natur bey dem einzeln Wesen sich mit dem Wohl der
allgemeinen Natur nicht vertrage. Eine seltsame
Einrichtung! worinn gewiß eine Unordnung und
eine Zerrüttung herrschen müßte, die wir in der
übrigen Welt nicht antreffen. Es ist eben so,
als wenn ich von einem organisirten, thierischen
oder vegetabilischen, Körper sagen wollte, daß,
wenn jeder Theil einer vollkommen Gesundheit
genießen sollte, das Ganze nothwendig krank
seyn müsse.

Um aber die ganze Ungereimtheit dieser Hypothese zu erörtern, so wollen wir beweißen, daß
die Menschen sich fälschlich einbilden, als wenn

ihr gegenwärtiger Vortheil in dem Laster und ihr wahres Uebel in der Tugend liege, daß sie ohne Grund in der Regierung des Ganzen Unordnung sehen, daß in der Natur gerade das völlige Gegentheil von dem geschieht, was sie sich einbilden; daß nämlich der besondre Vortheil der Kreatur vom allgemeinen Nutzen ihrer Gattung unzertrennlich sey, und kurz, daß ihr wahres Glück in der Tugend und ihr unfehlbares Unglück in dem Laster bestehe.

Zweyter Abschnitt.

Wenig Menschen würden es wagen, anzunehmen, daß eine Kreatur, bey der sie keine natürliche Neigung bemerken, die von aller gesellschaftlichen Empfindung und von allem gemeinnützigen Triebe entblößt scheint, in sich einiges Vergnügen genieße, und von ihrer Aehnlichkeit mit andern Wesen großen Vortheil ziehe. Die allgemeine Meynung geht dahin, daß eine solche Kreatur, die mit dem menschlichen Geschlechte bricht, und der Gesellschaft entsagt, dadurch weniger Zufriedenheit des Lebens genieße, weniger Anmuth in den Vergnügungen der Sinne finden könne. Verdruß, Ungeduld, Unmuth werden bey ihr nicht mehr bloß unangenehme Augenblicke seyn; sie werden

ihr gewöhnlicher Zuſtand ſeyn, ſo wie ſie es
unfehlbar bey jedem ungeſelligen Charakter, ſind.
Eine Menge trauriger Ideen bemächtigt ſich
des Verſtandes, und das Herz wird tauſend verkehrten Neigungen zum Raube, die es unaufhörlich beunruhigen und foltern Aus der ſchwar-
zen Melancholie und aus der bittern Unruhe ent-
ſtehet jener grauſame Menſchenhaß, der die mit
ſich ſelbſt unzufriedene Kreatur gegen die ganze
Welt empört. Das innre Gefühl, das ihr zu-
ruft: ein ſo ausgeartetes, jedem, der ſich ihm nähert, beſchwerliches Weſen könne ſeines gleichen
nicht anders als verhaßt ſeyn, erfüllt ſie mit
Argwohn und Eiferſucht, erhält ſie in Furcht
und Schrecken, und ſtürzt ſie in einen Unmuth,
welchen ein noch ſo gut gegründetes Glück, ein
noch ſo dauerhafter Wohlſtand nicht ſtillen kann.

Das ſind die Symptome einer gänzlichen Verkehrtheit, von deren Richtigkeit jedermann überzeugt iſt. Iſt die Verderbniß vollkommen; ſind
Freundſchaft, Aufrichtigkeit, Billigkeit, Vertrauen,
Geſelligkeit erſtickt; iſt der moraliſche Abfall voll-
ſtändig: dann ſieht und geſteht jedermann das
Elend, das daraus erfolgt. Aber wenn man über
den höchſten Grad nur einerley Meynung hat;
warum will man nicht auch die traurigen Ein-
flüſſe eben dieſer Verderbniß in ihren niedrigern

Graben einsehen? Man stellt sich das Elend nicht
immer in gleichem Verhältnisse mit der Bosheit
vor; gleich als wenn die vollkommenste Bosheit
das vollkommenste Elend nach sich ziehen könnte, ohne daß auch die geringre Bosheit mit Elend
verbunden wäre. Dieß heißt in der That so viel,
als wenn man sagen wollte, der größte Schaden,
den ein Körper leiden könne, sey, verrenkt, ver-
stümmelt, und in tausend Stücke zerrissen zu werden; aber der Verlust eines Arms oder Beins, eines Auges, eines Ohrs, oder eines Fingers, sey
eine Kleinigkeit, die da nicht verdiene, daß man
darauf achte.

Die Seele hat, so zu reden, ihre Theile, und
diese Theile ihre Verhältnisse. Die wechselseitige Abhänglichkeit und Beziehung dieser Theile,
die Ordnung und die Verbindung der Neigungen, die Mischung und das Gleichgewicht der Leidenschaften, die einen Charakter ausmachen, sind
Dinge, die derjenige leicht erkennen kann, der
diese innre Anatomie seiner Aufmerksamkeit nicht
für unwürdig hält. Die thierische Einrichtung
kann nicht genauer und reeller seyn, als die geistige. Indessen haben sich wenig Leute damit beschäftigt, die Seele zu zergliedern, und niemand
schämt sich auch in dieser Kunst völlig unwissend

zu ſeyn *). Jedermann räumt ein, daß ſich die
Gemüthsart ändre, und daß ihre Aenbrungen

*) Man macht ſich eine Ehre daraus, die Eigenſchaf-
ten des guten Pferds, eines guten Hunds, eines guten Vogels zu kennen. Man iſt von den Trieben, der
Gemüthsart, den Launen, der eigenthümlichen Geſtalt
dieſer Gattungen unterrichtet. Bemerkt man von ungefähr an einem Hunde einen Mangel, der ſeiner Natur
entgegen iſt, ſogleich ſagt man: dieſes Thier hat einen
Fehler; und in der völligen Ueberzeugung, daß dieſer
Fehler ihn zu den Dienſten, wozu er beſtimmt iſt, untüchtig macht, wendet man alles an, ihn zu beſſern. Es
giebt wenig junge Leute, die dieſe Zucht nicht mehr oder
weniger verſtehen ſollten. Laßt uns jenem Unbeſonne-
nen, der einen Bedienten unter dem Stocke könnte ſterben ſehen, weil er einen nichtswürdigen und vielleicht
unanſtändigen Befehl langſam oder ungeſchickt vollzogen,
laßt uns ihm in ſeinen Marſtall folgen, und ihn fragen:
warum dieſes Pferd von der Gemeinſchaft mit den übrigen abgeſondert worden? — „Es hat doch einen ſo ſchö-
„nen Fuß, es trägt doch den Kopf ſo edel, hat doch ſo
„blitzende, ſo feurige Augen.“ „Sie haben Recht, wird
„er antworten, aber es iſt erſtaunlich wie wild es iſt,
„man kann ihm ohne Gefahr gar nicht nahe kommen,
„es erſchrickt vor ſeinem eignen Schatten, und kurz, ich
„muß ſehen, wie ich es los werde.“ Führt er uns dann

von traurigen Folgen ſeyn können — aber niemand giebt ſich die Mühe, die Urſache davon zu

zu ſeinen Hunden, ſo iſt er erſt völlig in ſeinem Fache.
„Sehn Sie da wohl die kleine ſchwarz und weiß gefleckte
„Hündinn, mein Herr; ſie ſieht eben nicht vortheilhaft
„aus, weder Haar noch Wuchs ſind beſonders, ſie ſcheint
„kein Gelenke in den Füßen zu haben, aber ſie hat ei-
„nen herrlichen Geruch; im Spüren kenne ich nicht ih-
„res gleichen, und hitzig iſt ſie! — Nur allzu hitzig für
„ihre Kräfte! Wenn ſie mir wegkäme, mein Herr, wahr-
„haftig ich gäbe für ſie alle die großen Paradehunde
„hin, die mir mehr zur Laſt als zum Nutzen ſind. Sie
„ſind träge, feig, gefräßig; mein Piqueur hat mit aller
„menſchmöglichen Mühe nichts Kluges aus ihnen machen
„können. Sie ſind ſo aus der Art geſchlagen, (denn
„Marquiſe, ihre Mutter, die war vortreflich!) ich glaube
„wahrhaftig, meine Schurken von Stallknechten haben
„ſie von einem meiner Hofhunde beſpringen laſſen: daß
„ſie dafür der Teufel holte!“ Auf dieſe Art können
eben diejenigen, welche die Natur ihrer eignen Gattung
am wenigſten ſtudirt haben, vortreflich an andern Kreä-
turen die Fehler, die gegen die Natur laufen, und die
Eigenſchaften, die ihr gemäß ſind, unterſcheiden. Auf
dieſe Art kann die Güte, die ſie an ſich ſelbſt und an ihres gleichen ſo wenig ſchätzen, ſie an Geſchöpfen andrer
Gattung einnehmen. So natürlich iſt das Gefühl, das

suchen. Man weiß, daß unsre geistige Natur
den schrecklichsten Lähmungen ausgesetzt ist, aber
niemand ist neugierig, der Entstehung dieser Zufälle nachzuspüren. Niemand sucht in dem innern der Seele *) Entdeckungen zu machen;
kaum daß man in dieser Materie noch zu den Be-

wir davon haben! Hier haben wir also Ursache mit dem
Horaz zu sagen:

Naturam expellas furca, tamen vsque recurret.

*) Der geschickte Chirurgus übt sich erst lange an To-
den, ehe er an Lebenden operirt, er unterrichtet sich, mit
dem Messer in der Hand, von der Lage, der Natur und
der Bildung der Theile; er hatte schon hundertmal die
Operationen seiner Kunst am Kadaver verrichtet, ehe er
sie an Lebendigen versuchte. Diesem Beyspiele sollten
wir alle nachahmen. Te ipsum concute! Nichts ist dem,
was der Anatomiker ein Subjekt nennt, ähnlicher, als
die Seele in dem Stande der Ruhe; es erfodert dann
weder die nämliche Kunst noch den nämlichen Muth an
ihr zu operiren, als wenn die Leidenschaften sie erhitzen
und beleben. Man kann die Wunden sondiren, und ihr
Innerstes durchsuchen, ohne daß man sie klagen oder
seufzen hörte. Hingegen in dem Tumult der Leidenschaften ist sie ein kleinmüthiger und empfindlicher Kranke,
den die geringste Anstalt erschreckt, ein unbiegsamer Pa-
tient, den man nicht zur Entschließung bringen kann

griffen von Theilen und vom Ganzen gekommen.
Man weiß gar nichts von der Wirkung, die eine
unterdrückte Leidenschaft, ein vernachläßigter böser Trieb, oder eine erschlaffte gute Neigung hervorbringen müssen. Wie eine einzige Handlung
in der Seele eine Veränderung verursacht, die im
Stande ist sie alles Vergnügens zu berauben,
das sieht man sich ereignen, aber man weiß es
nicht zu erklären; und bey der wenigen Neugier-
de sich davon zu unterrichten, ist man völlig geneigt anzunehmen, daß ein Mensch sein Wort
brechen, ungewöhnliche Verbrechen begehen,
und sich ganz dem Laster ergeben könne, ohne seine Gemüthsruhe zu tödten, und sich den verderb-
lichsten Folgen für seine Glückseligkeit auszu-
setzen.

Man sagt täglich: „Der und der hat eine
„Niederträchtigkeit begangen; aber ist er darum
„minder glücklich?“ Indessen sagt man doch,
wenn man von mürrischen und ungeselligen Menschen spricht: „dieser Mensch ist sein eigner Hen-
„ker!“ Ein andermal giebt man zu, „daß es Lei-
„denschaften, Launen, Gemüthsarten giebt, wel-
„che den angenehmsten Zustand vergiften, und
„die Kreatur im Schooße des Glücks unglücklich

Was ist in diesem Zustande wohl für Hoffnung zur Genesung, zumal wenn der Arzt ein Unwissender ist.

„machen können." Beweisen nicht alle diese wi-
derſprechenden Urtheile zur Gnüge, daß wir über
moraliſche Materien nicht zu denken wiſſen, und
nur dunkle und verwirrte Ideen davon haben?

Stellten wir uns die Einrichtung der Seele
ſo vor, wie ſie in der That iſt; wären wir vollkommen von der Unmöglichkeit überzeugt, eine
vernünftige Neigung zu erſticken, oder einen böſen Trieb zu unterhalten, ohne uns einen Theil
des äußerſten Elends zuzuziehn, wovon, nach unſerm eignen Geſtändniß, die vollkommne Ausartung ſtets begleitet wird: würden wir dann nicht
zu gleicher Zeit erkennen, daß, da jede ungerechte Handlung das Gemüth in Unordnung bringt,
oder die Unordnung, die ſchon darinnen herrſcht,
vermehrt, jeder, der etwas Böſes thut, oder
wider ſeine Güte handelt, thörichter und grauſamer gegen ſich ſelbſt ſey, als derjenige, der ſich,
ohne Rückſicht auf ſeine Geſundheit, mit giftigen
Speiſen nährte, oder den Körper mit eignen
Händen zerfleiſchte, und ein Vergnügen darinnen
fände, ſich mit Wunden zu überdecken?

Dritter Abſchnitt.

Wir haben dargethan, daß jede Handlung bey
einem Thiere, die nicht aus ſeinen natürlichen

Neigungen oder aus seinen Leidenschaften entspringt, nicht eine Handlung des Thieres sey.
Folglich, wenn sich die Kreatur, in einem kon-
vulsivischen Anfall, selbst schlägt, und auf diejenigen losfährt, die ihr zu Hülfe kommen, so ist das
eine verdorbne Uhr, die zur unrechten Zeit an-
schlägt. Es ist nicht das Thier, sondern die bloße Maschine, die handelt.

So oft das Thier als Thier handelt, so muß es
durch eine Neigung, einen Trieb oder eine Leidenschaft in Bewegung gesetzt werden; dergleichen zum
Beyspiele die Liebe, die Furcht oder der Haß sind.

Schwache Neigungen können nie mächtigere
besiegen, und also folgt das Thier in seinen
Handlungen nothwendig *) der stärkern Parthey.
Wenn die ungleich getheilten Neigungen, der
Anzahl oder der Beschaffenheit nach, auf der einen
Seite ein stärkeres Uebergewicht haben, so neigt sich
das Thier auf diese Seite. Dieß ist das Gewicht,
das es in Bewegung setzt, und regiert.

Die Neigungen, welche das Thier in seinen
Handlungen bestimmen, gehören zu einer oder der
andern von folgenden drey Arten:

Entweder zu den natürlichen und auf das
gemeine Beste seiner Gattung abzweckende Neigungen.

*) Man bemerke, daß hier nur vom Thiere die Rede sey.
Erster Theil. 　　　　　　K

Oder zu den natürlichen und auf ſein beſonders Intereſſe abzweckende Neigungen,

Oder zu ſolchen Neigungen, die weder aufs gemeine Beſte ſeiner Gattung, noch auf ſein Privatintereſſe, abzielen, welche ſogar ſeinem eignen Vortheil entgegengeſetzt ſind, und die wir
daher unnatürliche Neigungen nennen werden.
Nach der Art und dem Grade dieſer Neigungen
iſt die Kreatur, die davon beherrſcht wird, wohl
oder übel beſchaffen, gut oder böſe.

Es iſt offenbar, daß die letztere Art von Neigungen durchaus fehlerhaft iſt. Was die andern
beiden Arten betrift, ſo können ſie, nach ihren
Grade, gut oder böſe ſeyn. Sie beherrſchen ſtets
die bloß empfindende Kreatur; aber die empfindende und zugleich vernünftige Kreatur kann ſie
jederzeit beherrſchen, ſo mächtig ſie auch ſeyn
mögen.

Vielleicht wird es manchen befremden, daß geſellſchaftliche Neigungen zu ſtark, und eigennützige
zu ſchwach ſeyn können. Aber, um dieſen Zweifel
zu heben, darf man ſich nur an das erinnern,
was wir oben geſagt haben, daß unter gewiſſen
Umſtänden zuweilen die geſellſchaftlichen Neigungen zu heftig werden, und auf einen Grad ſteigen,
der ſie fehlerhaft macht; wenn z. E. das Mitleid
ſo lebhaft iſt, daß es ſeinen Zweck verfehlt, und

durch seine Heftigkeit den Beystand hindert, den man von ihm erwarten sollte; wenn die mütter= liche Zärtlichkeit so heftig ist, daß sie die Mutter, und folglich auch das Kind mit ihr zu Grun= de richtet. „Aber, wird man sagen, dasjenige für „fehlerhaft und unnatürlich anzusehn, was nur „eine übertriebne natürliche und edelmüthige „Neigung ist; sollte das nicht eine übertriebne „Strenge seyn?“ Statt aller Antwort auf diesen Einwurf will ich anmerken, daß die ihrer Natur nach besse Neigung zu einem Grade steigen kann, wo sie allen übrigen Neigungen Eintrag thut, die Energie derselben einschränkt, und ihre Wirkungen schwächt oder aufhält. Wenn die Kreatur der einen Neigung zu viel einräumt, so ist sie genö= thigt den übrigen von derselben Gattung, die doch nicht minder natürlich und nützlich sind, zu wenig einzuräumen. Dieß bringt sogleich Ungerechtigkeit und Partheylichkeit in den Cha= rakter; einige Pflichten werden nachläßig erfüllt, und andre, vielleicht minder wesentliche, mit all= zuviel Hitze befolgt.

Man kann diese Grundsätze in ihrer ganzen Ausdehnung ohne Scheu behaupten, da die Re= ligion selbst, als eine Leidenschaft, aber von der heroischen Art, betrachtet, zu weit getrieben wer=

ben *), und durch ihre Uebertreibung die ganze
Verfaſſung der geſellſchaftlichen Neigungen ſtören
kann. Ja ich wage es zu behaupten, die Religion
würde bey demjenigen zu heftig wirken, den eine
unmäßige Betrachtung himmliſcher Dinge, eine
überſpannte Entzückung, gegen die Pflichten des
bürgerlichen Lebens, gegen die Obliegenheiten
der Geſellſchaft kaltſinnig machte. „Aber, wird
„man ſagen können, wenn nun der Gegenſtand
„der Anbetung vernünftig und der Glaube rich‐
„tig iſt; iſt es dann nicht hart, ihn wie Aberglauben
„zu behandeln? Denn es iſt doch allemal ſeinem
„Urſprunge nach ein heiliger, obgleich zuweit ge‐
„triebner Eifer, warum die Kreatur ihre häußli‐
„chen Geſchäfte hintenanſetzt, und ſowohl ihre
„eignen, als ihres Nächſten zeitliche Vortheile
„verabſäumt.“ Ich antworte hierauf, daß die
wahre Religion keine gänzliche Verläugnung irr‐
diſcher Sorgen gebietet; alles, was ſie verlangt,
iſt, daß unſer Herz ihr den Vorzug gebe; ſie will,
daß man Gott, andern, und ſich ſelbſt alles er‐
zeigt, was man ſchuldig iſt, ohne eine dieſer Ob‐
liegenheiten zum Nachtheil der andern zu erfül‐
len. Sie weiß alle durch eine weiſe und gemeß‐
ne Unterordnung mit einander zu vereinigen.

*) Inſani ſapiens nomen ferat, aequus iniqui,
  Vltra quam ſatis eſt, virtutem ſi petat ipſam.

  HORAT. Satyr.

Wenn aber auf der einen Seite die gesellschaftlichen Neigungen zu stark werden können, so können auf der andern die eigennützigen Leidenschaften zu schwach seyn. Wenn, zum Exempel, eine Kreatur die Augen vor Gefahren verschließt, und das Leben geringe schätzt; wenn die Neigungen, die zu ihrer Vertheidigung, zu ihrer Wohlfarth, und zu ihrer Erhaltung beytragen, nicht Kraft genug haben: so ist dieß unstreitig, in Rücksicht auf die Absichten und den Endzweck der Natur, ein Fehler an ihr. Die Gesetze und die Methode, welche die Natur in ihren Wirkungen beobachtet, sind authentische Beweise davon. Kann man wohl sagen, daß das Wohl des ganzen Thiers ihr weniger anliege, als das Wohl eines Glieds, eines Organs, oder eines einzigen Theils von demselben? Nein, gewiß nicht! Sie hat vielmehr, wie wir offenbar sehn, jedem Gliede, jedem Organe, jedem Theile die nöthigen Eigenschaften zu seiner Sicherheit gegeben, so, daß sie selbst uns unwissend für ihr Wohl wachen, und zu ihrer Vertheidigung wirken. Das von Natur vorsichtige und schüchterne Auge schließt sich von selbst und zuweilen wider unsern Willen; man nehme ihm keine Geschwindigkeit und Widerspenstigkeit, und alle ersinnliche Klugheit wird für das Thier nicht hinreichend seyn, sich das Gesicht zu erhalten. Die Schwäche der Neigun-

gen, die das Wohl des Automatons betreffen, iſt
alſo ein Fehler. Warum ſollte nun derſelbe Fehler an den Neigungen, die das Intereſſe eines
viel wichtigern Ganzen, als der Körper iſt, ich
meyne die Seele, den Geiſt, den Charakter an-
gehn, nicht auch eine Unvollkommenheit ſeyn?

In dieſem Verſtande gehören die eigennützigen Neigungen weſentlich zur Tugend. Obgleich
die Kreatur bloß durch ſie weder gut noch böſe
iſt; ſo beſitzt ſie doch ohne dieſelben, weil ſolche zum allgemeinen Beſten der Gattung beytragen, wenn ſie davon entblößt iſt, nicht alle
die Güte, deren ſie fähig iſt, und muß in der natürlichen Ordnung als mangelhaft und böſe betrachtet werden.

In dieſem Verſtande ſagen wir von jeman-
den, „daß er allzugut ſey,“ wenn nämlich gar zu
brünſtige Neigungen für das Beſte andrer Menſchen, ihn über die Gränzen hinausführen, die
Natur und Vernunft ihm vorſchreiben; oder
wenn allzu große Gleichgültigkeit gegen ſeinen
wahren Nutzen ihn innerhalb derſelben erhält.

Auf dieſe Art, könnte man einwenden, kämen
die moraliſchen Proportionen, die man in ſeinem
Charakter und in ſeinem Betragen beobachten
ſoll, auch dann heraus, wenn man bey aus-
ſchweifenden eigennützigen Neigungen eben ſo aus-

schweifende gesellschaftliche, und bey zu schwachen
gesellschaftlichen eben so mangelhafte eigennützige
hätte. Denn in diesem Fall würde derjenige, der
sein Leben geringe achtete, mit ein wenig gesellschaftlicher Neigung alles thun, was die großmüthigste Freundschaft fodern kann, und der erhabenste
Heldenmuth könnte nichts verrichten, wozu nicht,
mit Hülfe einer übertriebnen gesellschaftlichen
Neigung, auch die furchtsamste Kreatur im Stande wäre.

Wir antworten, daß es nur in Rücksicht auf
die natürliche Einrichtung und besondre Bestim-
mung der Kreatur geschieht, wenn wir einige Leidenschaften zu übertrieben, und andre zu schwach
finden. Denn wenn eine Neigung, die einen
vernünftigen Gegenstand hat, nur in ihrer Heftigkeit nützlich ist, wenn überdem dieser Grad
derselben die innre Oekonomie nicht stört, und
unter den übrigen Neigungen kein Mißverhält-
niß veranlaßt, so kann man sie nicht als fehlerhaft tadeln. Wenn aber die natürliche Beschaffenheit der Kreatur den übrigen Neigungen nicht
verstattet, mit jener gleich zu stimmen; wenn der
Ton der einen mit jener gleich hoch, und der Ton
der andern niedriger ist: so mögen die einen und
die andern beschaffen seyn, wie sie wollen, sie
werden entweder zu stark oder zu schwach seyn.

K 4

Denn, da unter ihnen keine Proportion mehr statt hat, da das Gleichgewicht, das sie mäßigen sollte, aufgehoben ist: so muß diese Unordnung Ungleichheit in die Handlungen bringen, und das Betragen fehlerhaft machen.

Um aber klare und deutliche Begriffe von dem zu geben, was ich unter Oekonomie der Neigungen verstehe, so will ich ein Beyspiel von einer niedrigern Gattung von Kreaturen geben. Diejenigen, welche die Natur nicht gegen Gewalt bewaffnet hat; die in keinem Betracht furchtbar sind, müssen sehr schreckhaft und zum Zorne nur wenig aufgelegt seyn. Denn die letztere Eigenschaft würde unfehlbar die Ursache ihres Verderbens werden, indem sie sie entweder zum Widerstande reizte, oder ihre Flucht verzögerte. Der Furcht allein können sie ihr Heil zu danken haben. Auch macht die Furcht, daß die Sinne auf ihrer Huth, und die Lebensgeister wachsam sind, um das Zeichen zur Flucht zu geben.

In solchem Falle sind die angebohrne Furchtsamkeit und die äußerste Schreckhaftigkeit, nach der thierischen Einrichtung der Kreatur, Neigungen, die ihrem besondern Vortheile und dem gemeinen Besten ihrer Gattung eben so gemäß sind, als Zorn und Herzhaftigkeit für beides schädlich seyn würden. Auch bemerkt man, daß

in ein und eben demselben System die Natur sich
bemüht hat, diese Leidenschaften nach Maasge-
bung des Geschlechts, des Alters, und der Kräfte der Kreaturen abzuändern. Im thierischen
System halten sich die zahmen Thiere zusammen
und weiden Truppweise; hingegen die wilden gehen insgemein nur Paarweise, leben ohne Gesellschaft, und wie es ihrer natürlichen Gefräßig-
keit gemäß ist. Unter jenen steht indessen doch
der Muth mit dem Wuchs und den Kräften in
Verhältniß. Zur Zeit der Gefahr, wenn die ganze Heerde flieht, zeigt der Stier dem Feinde seine
Hörner, und beweist, daß er seine Kraft fühlt.
Die Natur, welche dem weiblichen Geschlechte zu
verordnen scheint, daß es die Gefahr theile, hat
seine Stirne nicht ohne Mittel der Vertheidigung gelassen. Die Gemse, das Reh, und andre
ähnliche Thiere sind weder fehlerhaft noch ausgeartet, wenn sie bey der Annäherung des Löwen
ihre Jungen verlassen, und ihr Heil in ihrer Be-
hendigkeit suchen. Was die Kreaturen betrifft,
die zum Widerstand tüchtig sind, und denen die
Natur Waffen zum Angriffe gegeben, so gerathen
sie alle, vom Pferd und dem Stier an bis au
die Biene und die Wespe, schnell in Wuth, stürzen unerschrocken auf ihren Feind, und vertheidigen ihre Jungen mit Gefahr ihres eignen Le-

K 5

hens. Die Muthigkeit dieser Kreaturen macht
die Sicherheit ihrer Gattung aus. Man ist weniger ungestüm zu beleidigen, wenn man aus
Erfahrung weiß, daß der Beleidigte, ob er gleich
unfähig ist, die Beleidigung gänz abzuwehren,
sie doch nicht gelassen ertragen, sondern, um den
Beleidiger zu strafen, sich ohne Bedenken der Le-
bensgefahr aussetzen wird. Unter allen lebendigen Wesen ist der Mensch hierinnen das fürch-
terlichste. Wenn es auf seine eigne oder seines
Vaterlandes Sache ankömmt, so ist niemand an
dem er nicht eine Rache nehmen könnte, die ihm
billig und exemplarisch scheint; und ist er, unerschrocken genug sein Leben aufzuopfern, so ist er
Herr über das Leben des andern, so sehr er sich
auch verwahrt haben mag. In jenen alten Frey-
staaten, wo freygebohrne Völker zuweilen durch
den Ehrgeiz Eines Bürgers unterjocht worden,
hat man Beyspiele dieses Muths, hat man Usur-
patoren, unerachtet ihrer Wachsamkeit, für die
Grausamkeiten, die sie verübt hatten, bestrafen;
hat man edelmüthige Männer alle mögliche Vorsicht zunichte machen, und durch den Tod der
Tyrannen die Wohlfarth und die Freyheit ihres
Vaterlands sicher stellen sehen *).

*) Ich habe geglaubt, daß ich hier den Gedanken des
Shaftesbury berichtigen müßte; dieser nennt kühnlich,

Kurz die Neigungen sind in der thierischen
Einrichtung eben das, was auf einem musikali-
schen Instrumente die Saiten. Die Saiten mögen immer unter sich die erfoderlichen Verhältnisse haben, ist die Spannung zu groß, so ist das
Instrument übel bezogen, und seine Harmonie
geht verloren. Wann aber die einen den gehörigen Ton haben, und die andern nicht in gehö-
rigem Verhältnisse aufgezogen sind, so ist die Leyer
oder die Laute schlecht gestimmt, und man wird
nichts Taugliches darauf spielen. Die mancherley Systeme von Kreaturen sind, was die mancherley Arten von Instrumenten; und unter der

nach den Vorurtheilen seiner Nation, jede Ermordung
eines Tyrannen Tugend, Muth, Heroismus. Denn,
wenn dieser Tyrann durchs Recht der Geburt oder durch
die freye Wahl der Unterthanen König ist, so herrscht
bey uns der Grundsatz, daß, ohnerachtet seiner schrecklichsten Ausschweifungen, es immer ein gräßliches Verbrechen sey, ihm nach dem Leben zu stehen. Die Sorbonne hat es 1626 also entschieden. Die ersten Gläubigen
glaubten nicht, daß es ihnen erlaubt, sich wider ihre
Verfolger, einen Nero, Decius, Diokletian rc. zu ver-
schwören. Und der heil. Paulus hat ausdrücklich gesagt:
Gehorchet euren Obern, wenn sie auch andre Lehre glauben, und seyd ihnen unterthan.

nämlichen Gattung von Instrumenten sind, wie
unter dem nämlichen System von Kreaturen,
nicht alle gleich, und haben nicht einerley Saiten. Die Spannung, die dem einen zukömmt,
würde vielleicht die Saiten des andern zersprens
gen, und das Instrument selbst zerstören. Der
Ton, welcher aus dem einen die größte Harmonie erschallen läßt, macht das andre dumpf oder
schreyend. Unter den Menschen müssen diejenigen, welche ein lebhaftes und feines Gefühl haben, oder welche leicht vom Vergnügen oder
Schmerz gerührt werden, auch die übrigen Neigungen, als die Sanftmuth, das Mitleid, die
Zärtlichkeit, die Leutseligkeit, in einem sehr hohen
Grade besitzen; sonst gienge das innre Gleichgewicht verloren, ohne welches die Kreatur, zur Erfüllung ihrer Pflichten wenig aufgelegt, die Harmonie der Gesellschaft stören würde. Diejenigen hingegen, die von Natur kalt und auf einen
niedrigern Ton gestimmt sind, bedürfen keiner so
starken und lebhaften Begleitung. Auch hat sie
die Natur nicht bestimmt, die zärtlichen und lei-
denschaftlichen Regungen im nämlichen Grad,
wie jene *), zu empfinden und auszudrücken.

*) Wir gleichen vollkommen Instrumenten, deren
Saiten die Leidenschaften sind. Beym Thoren sind
sie zu hoch gespannt, und das Instrument schreit; beym

Es wäre unterhaltend, die mancherley Töne
der Leidenschaften, die verschiednen Abänderun-
gen der Neigungen, und alle die mancherley Mi-
schungen der Empfindungen durchzugehn, woraus die Verschiedenheit der Charaktere entsteht.
Es giebt keinen Gegenstand, der zugleich so viel

Blödsinnigen sind sie zu niedrig, und das Instrument ist dumpf. Ein Mensch ohne Leidenschaften ist also ein Instrument, von dem man die Saiten abgeschnit-
ten, oder das nie welche gehabt hat. Dieses zwar ist
schon gesagt worden. Aber es giebt hier noch mehr zu
bemerken! Ist ein Instrument gestimmt, und man schlägt
Eine Saite an, so verursacht der Ton, den sie von sich
giebt, ein Erzittern so wohl in den nahe liegenden Instrumenten, wenn ihre Saiten eine verhältnißmäßige harmonische Spannung mit der angeschlagnen Saite haben,
als auch in den nächsten Saiten desselben Instruments,
wenn sie mit ihr in demselben Verhältniß stehen. Ein
vollkommnes Bild von der Verwandtschaft und der wech-
selseitigen Zusammenstimmung gewisser Neigungen in einerley Charakter, von den angenehmen Eindrücken und
dem süßen Schauder, welche schöne Handlungen in andren, besonders tugendhaften, Menschen hervorbringen.
Diese Vergleichung ließe sich sehr weit treiben. Denn
der erregte Ton ist stets demjenigen analogisch, durch
dem er erregt wird.

Reizendes und ſo viel Unförmliches darböte. Alle
die Kreaturen, die uns umgeben, beobachten unverändert die nöthige Ordnung und Regelmäßigkeit in ihren Neigungen.   Nie ſieht man eine Unthätigkeit in den Dienſtleiſtungen, die ſie ihren
Jungen und ihres gleichen ſchuldig ſind. Wenn
unſer Umgang ſie nicht verdorben hat, ſo ſind
Unzucht, Unmäßigkeit, und andre Ausſchweifungen ihnen ganz unbekannt.   Jene kleine Kreaturen, die wie in einer Republik zuſammen leben,
die Bienen und die Ameiſen, beobachten ihr ganzes Leben hindurch einerley Geſetze, unterwerfen
ſich einerley Herrſchaft, und zeigen in ihrem Betragen immer einerley Harmonie. Diejenigen
Neigungen, die ſie zum Beſten ihrer Gattung
antreiben, arten in ihnen nie aus, werden nie
ſchwach, vergehen nie. Mit Beyhülfe der Religion, und unter der Gewalt der Geſetze, lebt der
Menſch ſeiner Natur weniger gemäß, als jene
Inſekten.   Die Geſetze, deren Endzweck es iſt,
ihn in Ausübung der Gerechtigkeit zu beſtärken,
ſind oft für ihn Antriebe zur Empörung, und
eben die Religion, die ihn heiligen ſollte, macht
ihn zuweilen zu der grauſamſten aller Kreaturen.
Man wirft Fragen auf; man ſchikanirt ſich über
Wörter; man macht Diſtinctionen; man erfindet
verhaßte Benennungen; man unterſagt bloße

Verstellungsarten unter den strengsten Bedrohun-
gen. Daher entspringen Erbitterung, Haß und
Aufruhr. Man geräth an einander, und endlich
sieht man die eine Hälfte des menschlichen Geschlechts sich die Hände in dem Blute des andern
waschen *). Ich möchte es fast für unmöglich
ausgeben, auf Erden eine Gesellschaft von Menschen zu finden, die nach menschlichen Grundsätzen eingerichtet wäre **). Ist es also zu ver-

---

*) Die Araber haben sich blutige Schlachten geliefert,
um noch entscheidender als in Schulen auszumachen, ob
die Eigenschaften Gottes realiter oder virtualiter unter-
schieden sind. (S. Herbelot's orientalische Bibliothek.)
Die Kriege, die einigemal England verheerten, hatten
keinen viel triftigern Grund.

**) Wer sich die Mühe nehmen will, mit Aufmerk-
samkeit die Geschichte des menschlichen Geschlechts durch-
zugehen, und mit unpartheyischem Auge das Betragen
der Völker in der Welt zu prüfen, der wird sich überzeugen, daß, außer den Pflichten, die zur Erhaltung des
menschlichen Geschlechts unumgänglich nothwendig sind,
(und die dennoch nur gar zu oft von ganzen Staaten in
Beziehung auf andre verletzt werden) man keinen einzigen Grundsatz der Moral nennen, oder irgend eine Regel der Tugend erdenken könne, die nicht in irgend einer
Gegend der Welt verachtet, oder durch das allgemeine

wundern, daß man unter dieſen Geſellſchaften
ſo ſchwer einen Menſchen findet, der wahrhaftig
Menſch ſey, und ſeiner Natur gemäß lebe?

Verfahren ganzer Geſellſchaften beſtritten worden, welche nach Maximen regiert wurden, die den Maximen einer andern Geſellſchaft ganz entgegengeſetzt waren.
Ganze und noch dazu die kultivirteſten Nationen haben
geglaubt, daß es ihnen eben ſo erlaubt ſey, ihre Kinder
auszuſetzen und ſie Hunger ſterben zu laſſen, als ſie zur
Welt zu bringen. Es giebt noch jetzo Gegenden, wo
man die Kinder lebendig mit ihren Müttern be-
gräbt, wenn es ſich zuträgt, daß die letztern bey der Nie-
derkunft ſterben. Man tödtet ſie, wenn ein Aſtrolog
verſichert, daß ſie unter einem unglücklichen Geſtirn gebohren ſind. An andern Orten tödtet ein Kind Vater
und Mutter, oder ſetzt ſie aus, wenn ſie zu einem gewiſſen Alter gelangt ſind. Sobald man in einer gewiſſen
Gegend von Aſien an der Geſundheit eines Kranken ber-
zweifelt, legt man ihn in einen dazu ausgehöhlten Graben, und läßt ihn da, Wind und Wetter ausgeſetzt, un-
barmherziger Weiſe umkommen. Bey den Mingreliern,
die ſich doch zum Chriſtenthum bekennen, iſt es gewöhnlich, ihre Kinder lebendig zu begraben. Die Kariben
verſtümmeln ſie, machen ſie feiſt, und eſſen ſie auf. Gar-
cilaſſo de la Vega erzählt, daß gewiſſe Völker in Peru
aus den gefangenen Frauensperſonen Beyſchläferinnen

Aber, nachdem ich erklärt habe, was ich un,
ter zu starken oder zu schwachen Leidenschaften
verstehe, nachdem ich bewiesen habe, daß, obgleich beide zuweilen für Tugenden gelten, sie
doch, eigentlich zu reden, Unvollkommenheiten
und Laster sind: so komme ich nun auf das, worinnen das Laster offenbarer und unleugbarer besteht; und das begreife ich unter folgenden drey
Fällen:

1) Entweder sind die gesellschaftlichen Neigun,
gen schwach und mangelhaft

2) Oder die Privatneigungen sind zu stark.

3) Oder die Neigungen zielen weder auf
das besondre Interesse der Kreatur, noch auf
das allgemeine Beste ihrer Gattung.

Diese Eintheilung ist vollständig, und die
Kreatur kann nicht verderbt seyn, ohne in der einen oder der andern Betrachtung, oder in allen

machen, die Kinder, die sie mit ihnen bekommen, mit
den köstlichsten Speisen nähren, und sie sowohl, als die
Mutter, verzehren, wenn sie unfruchtbar wird. Die man,
cherley Gebräuche, Religionen, Staatsverfassungen, die
in Europa herrschen, würden uns eine Menge, dem An,
sehen nach minder unmenschlicher, aber im Grund eben
so unbilliger und vielleicht in den Folgen noch gefährli,
cherer Handlungen darbieten.

Erster Theil.　　　　　　　L

dreyen zugleich. Wenn ich alſo erweiſe, daß dieſe brey Zuſtände ihrem wahren Vortheil zuwider laufen, ſo wird daraus folgen, daß die Tugend allein ihr Glück machen kann, weil ſie allein
unter den geſellſchaftlichen ſowohl als eigennützigen Neigungen das gehörige Gleichgewicht, ein
weiſes und ruhiges Verhältniß vorausſetzt.

Wenn wir übrigens behaupten, daß die gute Einrichtung der geſellſchaftlichen Neigungen
das zeitliche Glück ausmache, ſo behaupten wir
damit zugleich, daß die Kreatur in dieſer Welt
glücklich ſeyn könne. Wir verlangen nichts gegen die Erfahrung darzuthun. Nun lehrt uns
dieſe aber nur allzugut, daß die vorübergehen-
den Ungewitter, die den glücklichſten Menſchen
beunruhigen, wenigſtens eben ſo häufig ſind, als
die kleinen Fehler, die auch dem gerechteſten Menſchen entwiſchen. Man ſetze dazu jenes unaufhörliche Beſtreben nach der Ewigkeit, jene Regungen einer Seele, die das Leere ihres jetzigen
Zuſtandes empfindet, Regungen, die deſto lebhafter ſind, je größer ihre Inbrunſt iſt. Daraus
kann man ſchon, ohne weiter zu gehn, ſchließen,
daß, wenn mit der Ausübung der Tugend Glückſeligkeit verbunden iſt, wie wir in der Folge beweiſen wollen, doch die Kreatur eine ihren Wünſchen gemäße Glückſeligkeit, eine Glückſeligkeit,

die sie sättige, eine ungestörte und unveränderliche Ruhe nirgends anders, als in dem Schooße der Gottheit, genießen könne.

Folgendes haben wir also noch zu beweisen:

I.

Daß das vornehmste Mittel, mit sich selbst zufrieden und folglich glücklich zu seyn, darinnen bestehe, die gesellschaftlichen Neigungen in ihrer völligen Kraft zu haben, und daß diese Neigungen entbehren, oder sie mangelhaft haben, eben so viel sey, als unglücklich seyn.

II.

Daß es ein Unglück sey, gar zu wirksame Privatneigungen zu haben, welche über die Gränzen hinaus gehen, worinn die gesellschaftlichen Neigungen sie einschränken sollten.

III.

Endlich, daß mit unnatürlichen oder solchen Neigungen erfüllt seyn, die weder auf das besondre Wohl der Kreatur, noch auf das allgemeine Interesse ihrer Gattung abzielen, der höchste Grad des Elends sey.

Zweyter Theil.
Erster Abschnitt.

Um zu beweisen, daß die Glückseligkeit in dem Besitze der gesellschaftlichen Neigungen, und das

Unglück in ihrem Mangel beſtehe, ſo frage ich:
worinnen beſteht die Luſt und das Vergnügen,
die das Glück einer Kreatur ausmachen? Man
theilt ſie insgemein in die Luſt des Körpers und
in die Vergnügungen des Geiſtes.

Niemand leugnet, daß die Vergnügungen
des Geiſtes der körperlichen Luſt vorzuziehen ſind.
Auf allem Fall könnte man es folgendermaßen
erweiſen.   So oft die Seele einen hohen Begriff
von dem Verdienſt einer Handlung bekommen
hat, ſo oft ſie von ihrem Heroismus lebhaft gerührt iſt, und dieſer Gegenſtand ſeinen völligen
Eindruck gemacht hat: ſo ſind weder Schrecken
noch Verſprechungen, weder Schmerzen noch
Vergnügungen des Körpers fähig, die Kreatur
zurückzuhalten.   Man ſieht Indianer, Barbaren, Miſſethäter, und zuweilen die verworfenſten
Menſchen ſich zum Beſten einer Geſellſchaft, aus
Bewegungsgründen der Dankbarkeit, des Grolls,
aus Grundſätzen der Ehre oder der Wohlan-
ſtändigkeit, unglaublichen Beſchwerlichkeiten bloß-
ſtellen und ſelbſt dem Tode Trotz bieten.   Hingegen vergiften und vernichten die kleinſten
Wolken der Seele, der geringſte Verdruß, eine
kleine Widerwärtigkeit die Vergnügungen des
Körpers, und dieß ſelbſt alsdann, wenn man ſich
auch ſonſt in den vortheilhafteſten Umſtänden, in

dem Mittelpunkt alles dessen befindet, was die
Entzückung der Sinnen bewirken und unterhalten kann, wenn man auf dem Punkte stand,
sich diesen Vergnügungen ganz zu ergeben. Ver-
gebens nur sucht man sie zurückzurufen; so lange die Seele in derselben Lage bleibt, sind alle
Bemühungen unnütz, und bringen nichts als Ungeduld und Ekel hervor.

Sind aber die Vergnügungen des Geistes den
Lüsten des Körpers vorzuziehen, wie sich nicht
zweifeln läßt; so folgt daraus, daß alles, was
in einem denkenden Wesen eine stete Folge intellektueller Vergnügungen veranlassen kann, für seine
Glückseligkeit ungleich wichtiger sey, als was ihm
eine ähnliche Reihe körperlicher Vergnügungen
gewähren könnte.

Nun bestehen die intellektuellen Vergnügungen entweder selbst in der Ausübung gesellschaftlicher Neigungen, oder fließen als Folgen daraus her.

Da also die Oekonomie der gesellschaftlichen
Neigungen die Quelle der intellektuellen Vergnügungen ist, so sind diese gesellschaftlichen Neigungen allein fähig, der Kreatur ein beständiges und
wahres Glück zu verschaffen.

Wir kommen jetzt zu der Frage: wie die gesellschaftlichen Neigungen durch sich selbst das

L 3

lebhafteſte Vergnügen der Kreatur ausmachen?
Die Beantwortung iſt für denjenigen überflüßig,
der den Zuſtand der Seele unter der Herrſchaft
der Freundſchaft, der Erkenntlichkeit, der Güte,
des Mitleidens, der Großmuth, und andrer geſellſchaftlicher Neigungen aus Erfahrung kennt.
Wer einige natürliche Empfindung hat, dem iſt
die Anmuth dieſer edelmüthigen Neigungen nicht
unbekannt: aber der Unterſchied, den wir alle
ohne Ausnahme zwiſchen Einſamkeit und Geſellſchaft, zwiſchen dem Umgang eines Gleichgültigen und eines Freundes empfinden, die Verbindung faſt aller unſrer Vergnügungen mit dem
Umgange von unſres gleichen, und den Einfluß,
den eine wirkliche oder eingebildete Geſellſchaft
darauf hat, entſcheiden die Frage.

Will man auch dem innern Gefühl nicht trauen,
ſo erkennt man den Vorzug der Vergnügungen, die
aus geſellſchaftlichen Neigungen, vor den Vergnügungen, die aus körperlicher Empfindung entſpringen, ſchon an äußerlichen Zeichen und Wirkungen. Man lieſt ſie auf den Geſichtern; ſie brückt
ſich da mit den deutlichſten Zügen einer lebhaftern,
vollkommnern, innigern Freude aus, als auf die
bloße Stillung des Hungers, des Durſtes, und
andrer körperlicher Bedürfniſſe, ſo dringend ſie
auch ſeyn mögen, zu folgen pflegen. Aber das

wirkliche Uebergewicht dieſer Art von Neigungen
über die andern läßt an ihrer innern Stärke
nicht zweifeln. Wenn ſich die geſellſchaftlichen
Neigungen regen, ſo hemmt ihre Stimme alle
andre Empfindungen, und die übrigen Neigungen verſtummen. Der Zauber der Sinne hat
nichts, das ſich damit vergleichen ließe. Jeder der
die eine und die andre Art von Wolluſt empfunden hat, wird ohne Bedenken der erſtern den Vorzug geben. Aber um mit Billigkeit zu urtheilen, muß man ſie in ihrer ganzen Stärke erfahren haben. Der redliche Mann kann die ganze Lebhaftigkeit ſinnlicher Vergnügungen kennen;
der mäßige Gebrauch, den er davon macht, bürgt
für die Reizbarkeit ſeiner Organe und für die
Feinheit ſeines Geſchmacks: aber der Laſterhafte, der durch ſeinen Zuſtand von allen geſellſchaftlichen Neigungen entfremdet wird, iſt ſchlechterdings unfähig, von den Vergnügungen zu urtheilen, die ſie erregen.

Die Einwendung, daß dieſe Neigungen doch
nicht immer in der Kreatur, die ſie beſitzt, die
herrſchenden ſind, will wenig ſagen. Denn, wenn
die Kreatur ſie nicht in ihrer natürlichen Stärke
empfindet, ſo iſt das ſo gut, als ob ſie ihrer jetzt
beraubt wäre, und ſie niemals gehabt hätte. Aber,
ehe wir noch dieſen Satz beweiſen, wollen wir

L 4

bemerken, daß die Herrſchaft der geſellſchaftlichen Neigungen deſto unerwarteter ſeyn nüſſe, in
einem je geringern Grade eine Kreatur dieſe Neigungen beſitzt; und daß gleichwohl dieſe Art von
Wunder eben nicht unerhört ſey. Wenn aber,
auch eine ſchwache geſellſchaftliche Neigung, in
gewiſſen Fällen die Bosheit hat beſiegen können,
ſo bleibt es ausgemacht, daß ſie, durch fleißige
Uebung geſtärkt, jederzeit geſiegt haben würde.

Die Gewalt und der Reiz der geſellſchaftlichen Neigung iſt ſo groß, daß ſie die Kreatur jedem andern Vergnügen entreißt. Wann es auf
Blutsfreundſchaft, und auf andre dergleichen
Verbindungen ankömmt, ſo herrſcht dieſe Leidenſchaft unumſchränkt, und ihre Gegenwart be-
zwingt ohne Mühe die allerreizendſten Verſuchungen.

Diejenigen, die eine etwas vertraute Be-
kanntſchaft mit den Wiſſenſchaften, und beſonders mit den mathematiſchen haben, geben dem
Vergnügen, das ſie aus dieſen obgleich bloß ſpe-
kulativen Wahrheiten ſchöpfen, vor allen ſinnlichen Vergnügungen der Vorzug; und gleichwohl
mag man die Natur dieſes Vergnügens unterſuchen, ſo viel man will, man findet darinn
nicht das geringſte, was ſich auf das eigne
Privatintereſſe der Kreatur bezöge. Die Be-

wundrung und Freude, die sie empfindet, gehen auf Dinge, welche mit ihrem individuellen
System nichts zu thun haben: und obgleich das
Gefühl der ersten Vergnügungen, die dem Ma-
thematiker das Studium solcher abstrakten und
schweren Wissenschaften zuerst empfohlen, und
ihn daran fesselten, eine Art von Interesse hin-
einzubringen scheint; so konnten doch eben diese
ersten Vergnügungen keinen Grund, als allein in
der Liebe der Wahrheit, in der Schönheit der
Ordnung, und in dem Reize richtiger Verhältnisse haben: und, von dieser Seite angesehen, gehört also diese Leidenschaft zu den natürlichen
Neigungen. Denn, da ihr Gegenstand nicht in
die Sphäre des individuellen Systems der Kreatur gehört; so muß man sie entweder für unnütz
und überflüßig, mithin für eine unnatürliche
Neigung halten, oder man muß sie für das nehmen, was sie ist, für eine vernünftige Ergötzung,
die aus der Betrachtung der Uebereinstimmung,
der Verhältnisse, der Eintracht, der richtigen Folge entspringt, die in der Einrichtung der Wesen
beobachtet, und wodurch die Ordnung der Dinge, zur Erhaltung der Welt, bestimmt ist.

Wenn nun aber das Vergnügen der Betrachtung so groß ist, daß die körperlichen Wollüste
mit ihnen in gar keine Vergleichung kommen;

wie groß muß dann nicht das Vergnügen ſeyn, das aus der Uebung der Tugend entſteht, das eine heroiſche That begleitet? Denn alsdann vereinigt ſich ein ſchmeichelhafter Beyfall des Verſtandes mit den ſüſſen und faſt göttlichen Empfindungen des Herzens, um das Glück der Kreatur vollkommen zu machen. In der That; kann es einen ſchönern Stoff des Nachdenkens in der Welt, eine entzückernde Materie der Betrachtung geben, als eine große, tugendhafte und eble Handlung? Giebt es irgend etwas, deſſen innre Kenntniß und deſſen Erinnerung ein reineres, angenehmeres, vollkommneres und dauerhafteres Vergnügen gewähren könnte?

Wann bey derjenigen Leidenſchaft, welche die beiden Geſchlechter verbindet, die Zärtlichkeit des Herzens ſich mit der ſinnlichen Begierde vereinigt, wann die Liebe zur Perſon die Liebe zum Vergnügen begleitet; welcher Zuwachs von Wonne! Und welch ein Unterſchied der Stärke zwiſchen Empfindniß und ſinnlichem Triebe! Jene hat oft die Liebenden angetriebnen unglaubliche Beſchwerden zu übernehmen, und dem Tode ſelbſt zu trotzen, ohne irgend einigen Vortheil, als das Intereſſe des geliebten Gegenſtandes, ohne irgend eine Ausſicht von Belohnung vor ſich zu ſehen. Denn worauf ſollte eine ſolche Hoffnung gehen? Auf

Belohnungen in dieser Welt? Der Tod endigt
alles. Auf Belohnungen in jener? Ich kenne
keinen Gesetzgeber, der den verliebten Helden
den Himmel geöffnet hätte.

Die intellektuellen Vergnügungen, die aus
gesellschaftlichen Neigungen entspringen, sind also weit stärker, als die körperlichen Freuden. Aber
noch nicht genug; sie sind auch von der Gesundheit, der Ruhe, der Fröhlichkeit, und allen Vortheilen des Glücks und des Wohlstandes unabhängig. Behält man in Gefahren, Schrecknis-
sen, Sorgen, beym Verluste der Güter und der
Gesundheit nur die gesellschaftlichen Neigungen,
so ist die Glückseligkeit des Menschen gesichert.
Die Tugend kann leiden, aber ihre Zufriedenheit kann ihr nicht genommen werden. Sie ist
vielmehr eine Schönheit, die durch Betrübniß
und Thränen eine Anmuth und ein Rührendes
gewinnt, das ihr alle Fröhlichkeit nicht mitthei-
len konnte. Ihre Schwermuth giebt ihr einen
ganz vorzüglichen Reiz; denn nur im Unglücke
überläßt sie sich jenen so zärtlichen Ergießungen
des Herzens, die mit so viel Wollust verbunden
sind. Sie erscheint nicht eher in ihrem völligen
Glanze, als unter Sturm und Wolken. Die gesellschaftlichen Neigungen beweisen nicht eher ihre ganze Kraft, als in großen Bedrängnissen.

Wird dieſe Art von Leidenſchaften auf eine ge-
ſchickte Art erregt, wie z. E. bey der Vorſtellung
eines guten Trauerſpiels; ſo iſt in Anſehung der
Dauer kein Vergnügen mit dieſem Vergnügen
der Täuſchung zu vergleichen. Wer uns für das
Schickſal des Verdienſtes und der Tugend ein-
zunehmen, für das Loos des Rechtſchaffnen zu
erweichen, und zu ihrem Vortheil unſre ganze
Menſchlichkeit zu empören verſteht, der verſetzt
uns in eine Entzückung, und verſchafft uns ein
Vergnügen des Geiſtes und Herzens, das alle
Ergötzungen übertrifft, die Sinne und Begierden
erzeugen können; woraus wir ſchon vorläufig
ſchließen müſſen, daß die wirkliche Ausübung geſellſchaftlicher Neigungen eine Quelle intellektueller Wollüſte ſey.

Laßt uns nun beweiſen, daß wirklich dieſe
Wollüſte von jener Ausübung eine natürliche
und unzertrennliche Folge ſeyn!

Zuförderſt wollen wir bemerken, daß der
Zweck der geſellſchaftlichen Neigungen in Rückſicht auf den Geiſt dieſer ſey, andern die Vergnügungen mitzutheilen, die man empfindet, an denen Theil zu nehmen, die ſie genießen, und ſich
an ihrer Achtung und ihrem Beyfalle zu ergö-
tzen.

Das Vergnügen, seine angenehmen Empfindungen andern mitzutheilen, kann nur einer ursprünglich und gänzlich verderbten Kreatur unbekannt seyn. Ich gehe also sogleich auf das Vergnügen über, an dem Glücke andrer Theil zu
nehmen; auf das Vergnügen, das wir aus der
Glückseligkeit der uns umgebenden Kreaturen
schöpfen, es mag nun durch das Anhören einer
Erzählung, oder durch den lebendigen Anblick ihrer Geberden und Bewegungen geschehen. Die
Kreaturen können sogar von einer verschiednen
Gattung seyn, nur müssen wir die charakteristi-
schen Kennzeichen ihrer Freude verstehen können.
Die Vergnügungen des Theilnehmens sind so
häufig und so angenehm, daß gewiß, wenn man
alle fröhliche Augenblicke des Lebens aufrichtig
durchgehen will, man die meisten und angenehmsten derselben eben diesen Vergnügungen wird
verdanken müssen.

Was das innre Zeugniß betrift, daß man auf
die Achtung und die Freundschaft seiner Mitmenschen ein Recht habe; so trägt nichts mehr zum
Vergnügen der Seele, und selbst zur Glückseligkeit derer bey, die man im niedrigsten Verstande
des Wortes Wollüstlinge nennt. Eben die Kreaturen, die sich am wenigsten bestreben, sich um
ihre Gattung verdient zu machen, prahlen, wenn

es die Gelegenheit giebt, am allermeiſten mit einem rechtſchaffnen und tugendhaften Charakter.
Sie gefallen ſich ſelbſt in der Vorſtellung, etwas
werth zu ſeyn. Dieſe Vorſtellung iſt freylich
falſch, aber ſie iſt ſchmeichelhaft für ſie; und um
ſie in ſich ſelbſt zu erhalten, vergeſſen ſie mit
Fleiß über einigen geringen Freundſchaftsdien-
ſten, die ſie dieſem oder jenem erwieſen, alle
Schande ihres übrigen Wandels.

Welcher Mörder, welcher Straßenräuber,
welcher offenbarer Uebertreter der bürgerlichen
Geſetze hat nicht einen Gefährten, eine Geſellſchaft von Leuten ſeiner Art, eine Bande von Bö-
ſewichtern ſeines gleichen, deren gutes Glück ihn
erſchreckt, denen er von dem ſeinigen Nachricht
giebt, die er als Freunde behandelt, und deren
Intereſſe er zu dem ſeinigen macht? Welcher
Menſch auf der Welt iſt gegen die Schmeiche-
leyen und Lobſprüche ſeiner Vertrauten unempfindlich? Geſchehen nicht alle unſre Handlungen in einiger Rückſicht auf dieſen Lohn? Hat
nicht der Beyfall der Freunde auf unſer ganzes
Betragen einen Einfluß? Sind wir nicht ſelbſt
in Anſehung unſrer Laſter, eiferſüchtig darauf?
Hat er nicht ſeinen Antheil an den Ausſichten
des Ehrgeitzes, an den Pralereyen der Eitelkeit, an den Verſchwendungen der Schwelge-

rey, und selbst an den Ausschweifungen einer
schändlichen Liebe? Mit einem Wort, wenn sich
die Vergnügungen wie andre Dinge berechnen
ließen, so würde vielleicht herauskommen, daß
diese beiden Quellen, die Theilnehmung an dem
Glücke andrer, und die Begierde nach ihrer Hochachtung, wenigstens neun Zehntheile alles des
Glücks, das wir in diesem Leben genießen, her-
geben. Und folglich würde von der ganzen Summe unsrer Freuden kaum ein Zehntheil übrig
bleiben, das nicht aus den gesellschaftlichen Neigungen flöße, und nicht unmittelbar von unsern
natürlichen Trieben abhienge.

Aber damit man nicht etwa von einem geringern Maße der natürlichen Neigungen die ganze und volle Wirkung erwarte, die sie in ihrer un-
eingeschränkten Kraft und Ausbreitung hervorbringen; damit man sich nicht berede, als wenn
sie, ihrer Einschränkung ohnerachtet, für die Gesellschaft noch eben so heilsam und für den Menschen selbst noch eben so wohlthätig blieben; so
müssen wir hier die Anmerkung machen: daß jeder Trieb, jede Neigung, die sich ohne Ursache
nur auf einige Theile des Ganzen einschränkt,
welches sie ohne Ausnahme umfassen sollte, daß
eine solche Neigung nie auf einem wahren
und sichern Grunde ruhe. Die Liebe zu unsers

Gleichen, so wie jede andre Neigung, die nicht
unmittelbar auf das eigne Beste der Kreatur gerichtet ist, kann entweder natürlich oder ausgeartet seyn. Ist sie ausgeartet, so wird sie unfehlbar dem wahren Vortheil der Gesellschaft zuwi-
derlaufen, und folglich die Vergnügungen, die
sich von dieser Seite her erwarten liessen, vernichten: ist sie natürlich, so wird ihre Einschränkung auf einen Theil des Ganzen sie in eine seltsame, eigensinnige, wandelbare Leidenschaft verwandeln, die im Grunde nicht den mindesten
Werth hat.   Die Kreatur wird durch sie weder mehr Verdienst, noch mehr Tugend erhalten:
Diejenigen, für die dieser günstige Wind we-
het, können von seiner Dauer keinen Augenblick
gewiß seyn; er kann sich eben so bald und eben so
ohne Grund, wie er sich erhoben hat, auch wieder legen oder ändern.   Der stete Wechsel solcher eigensinniger Neigungen reisset die Seele von
der Liebe zur Gleichgültigkeit, von der Gleichgültigkeit zum Abscheu ohne Unterlaß hin und her,
stürzet sie in unendliche Unruhen, raubt ihr
nach und nach das Gefühl von den Vergnügungen der Freundschaft, und verleitet sie endlich zu
einem völligen Menschenhasse.   Ist hingegen die
Neigung so beschaffen, wie man es durch das Wort
integrité hat anzeigen wollen, ungetheilt und un-

eingeschränkt; so muß sie, weil sie vernünftig und auf ihren rechten Gegenstand in der gehörigen Ausbreitung gerichtet ist, auch unveränderlich, sicher und dauerhaft seyn. Alsdann rechtfertigt das Zeugniß, das sich die Kreatur von einer billigen Zuneigung für alle Menschen giebt, ihre besondern Neigungen, und macht sie zur Theilnehmung an dem Vergnügen anderer nur desto geschickter. Ist aber die Neigung eingeschränkt und mangelhaft: so verliert sie, weil sie keine Ordnung, keinen vernünftigen hinlänglichen Grund, keine Regel und kein Gesetz hat, bey jedem vernünftigen Nachdenken; sie wird von dem Gewissen gemißbilligt, und die Glückseligkeit verschwindet.

Doch die eingeschränkte Neigung stört uns nicht allein im Genusse der Freuden der Sympathie und der Theilnehmung; sie verstopft auch noch die dritte Quelle intellektueller Vergnügungen, ich meyne das Zeugniß, das man sich selbst giebt, um seines Gleichen sich wohl verdient gemacht zu haben. Denn woher sollte diese hochmüthige Empfindung entstehen können? Was für ein wahres Verdienst sollte man sich beylegen, oder was für ein Recht auf die Hochachtung andrer haben können, wenn die Neigung gegen sie einen so schlechten Grund hat? Was kann

Erster Theil. M

man für Zutrauen von den Menſchen fodern?
wenn das Wohlwollen gegen ſie ſo eigenſinnig
und willführlich iſt? Wer wird auf eine Zärtlichkeit bauen, die auf keinem feſten Grunde ruht?
keine unveränderliche Regel befolgt? Auf eine
Freundſchaft, die eben die Willkühr, die ſie ſchon
auf einige wenige Perſonen, auf einen kleinen
Theil des menſchlichen Geſchlechts eingeſchränkt
hat, noch mehr verengen, und auch noch von dem,
der ſie jetzt wirklich genießt, zurückziehn kann?

Ueberdem darf man nicht erwarten, daß die,
deren Hochachtung und Zuneigung nicht von der
Tugend beſtimmt werden, beides durch einen glücklichen Zufall nur ſolchen Perſonen zuwenden ſollten, die ſie verdienten. Gewiß, es möchte ihnen
ſchwer werden, unter der Menge von Herzens-
freunden, deren ſie ſich rühmen, nur einen einzigen zu finden, deſſen Geſinnungen ſie wahrhaftig
ſchätzen, deſſen Vertrauen ſie theuer achten, auf
deſſen Treue ſie ſchwören, an dem ſie ſich von gan-
zem Herzen vergnügen könnten. Denn wie ſehr
man auch allen Verdacht unterdrücken, und ſich
mit der Zuneigung von Leuten ſchmeicheln mag,
die aller wahren Zuneigung unfähig ſind; ſo kann
doch dieſer Betrug, den man ſich ſelbſt ſpielt, keine andern, als eben ſo trügeriſche Vergnügungen gewähren. Wie übel ſind daher Leute

von so eingeschränkten Neigungen in der bürgerlichen Gesellschaft daran! Fast alle intellektuelle Vergnügungen, diese aus der zweyten Haupt-
quelle schöpfen könnten, gehen für sie verloren.

Die allgemeine Zuneigung hingegen genießt
aller der Vorzüge, deren die eingeschränkte beraubt ist; sie ist beständig, gleichförmig, stets mit
sich selbst zufrieden, stets angenehm und beruhi-
gend. Das Wohlwollen und der Beyfall der
Redlichen sind ihr gänzlich versichert; und in allen unintereßirten Fällen wird sie sogar den nämlichen Zoll von den Bösen erhalten. Von ihr
können wir mit Wahrheit sagen, daß der innre
beruhigende Gedanke, die Liebe und den Beyfall
einer ganzen Gesellschaft, jeder verständigen Kreatur, und des ewigen Urhebers aller denkenden
Wesen zu verdienen, sie nie verlasse. Wird dieser Urheber einmal angenommen, hat man sich
einmal zum Theismus bekannt, so werden die
Vergnügungen, die aus der heroischen Neigung,
deren letzte Absicht Gott ist, entspringen, an seiner Vortreflichkeit theilnehmen, sie werden erhaben, edel, vollkommen, gleich ihm, seyn. Unge-
theilte gesellschaftliche Neigungen haben, ein
unverengtes Herz besitzen, das heißt der Natur
Schritt vor Schritt folgen, das heißt dem höch-

ſten Weſen nachahmen, ſein Ebenbild in menſchlicher Geſtalt ſeyn; und hierinnen beſteht die Gerechtigkeit, die Frömmigkeit, die Sittlichkeit, die
ganze natürliche Religion.

Damit man aber nicht dieſe Unterſuchung,
weil ſie voll kunſtmäßiger Terminologie und Redensarten iſt, in die Schulen verbanne; damit
nicht der eine Theil dieſes Verſuchs für die groſ-
ſe Welt ohne Gründlichkeit und Nutzen bleibe,
ſo wollen wir es verſuchen, die nämlichen Wahrheiten auf eine faßlichere Art zu beweiſen.

Wenn man die Natur der Vergnügungen nur
ein wenig unterſucht; es ſey nun, daß man ſie in
der Einſamkeit, beym Studiren, und bey der Betrachtung beobachte, oder, daß man ſie bey öffentlichen Ergötzlichkeiten, in unterhaltenden Geſellſchaften, oder bey andern ſolchen Zeitvertrei-
ben bemerke; ſo wird man zugeben, daß ſie nothwendig ein von Unruhe, Unmuth und Ueberdruß
freyes Gemüth, einen ruhigen, mit ſich ſelbſt zu-
friednen Geiſt vorausſetzen, der ſeinen Zuſtand
ohne Verdruß betrachten könne. Aber dieſe Beſchaffenheit des Temperaments und des Geiſtes,
die zum Genuß der Vergnügungen ſo nothwendig
erfodert wird, iſt eine Folge von der guten Einrichtung der Neigungen.

Was das Temperament anbetrift, so wissen
wir aus Erfahrung, daß es kein so glänzendes
Glück, kein so dauerhaftes Wohlergehn, keinen
so vollkommnen Zustand giebt, den nicht Neigung und Begierden verderben, dessen Quellen
Eigensinn und Laune nicht erschöpfen, den sie
nicht mangelhaft und unglücklich machen könnten. Die unordentlichen Begierden bestreuen den
Weg des Lebens mit Dornen; die zügellosen Leidenschaften werden durch eine unendliche Menge
von Hindernissen in ihrem Lauf gehemmt, die oft
unmöglich, aber immer schwer zu überwinden sind.
Die Sorgen kommen demjenigen allenthalben entgegen, der ohne Verstand in die Welt hinein lebt;
er findet ihrer überall von innen sowohl als von
aussen. Das Herz mancher Kreaturen gleicht jenen
wunderlichen und kränkelnden Kindern, die unaufhörlich fordern, und wenn man ihnen auch alles
giebt, was sie verlangen, doch nicht aufhören zu
schreyen. Man öffnet eine unerschöpfliche Quelle von Sorgen und Unruhen, wenn man sich einmal vorsetzt, allen grillenhaften Einfällen des Herzens eine Gnüge zu thun. Aber auch ohne diese
Unbequemlichkeiten, die nicht allgemein sind: sind
nicht Ermattung, Unbehaglichkeit, üble Verdau-
ung, Stockung der Säfte, Zerrüttung der Lebensgeister, und alle jene zufälligen Beschwerden, wo-

von auch die gesündesten Naturen nicht befreyt
sind, hinreichend, Unlust und üble Laune zu erzeugen? Und müssen diese Fehler nicht einwur-
zeln und zur Gewohnheit werden, wenn man ihren Einfluß auf das Temperament nicht hindert, sich
ihrem Wachsthume nicht widersetzt? Nun ist aber
die Ausübung gesellschaftlicher Neigungen das
Gegengift gegen den Unmuth, die einzige Arzney gegen die üble Laune: denn wir haben bemerkt, daß die Kreatur, wenn sie sich diese Krankheiten des Temperaments los zu werden ent-
schließt, zu den Vergnügungen der Gesellschaft
ihre Zuflucht nimmt, sich dem Umgange mit ihres Gleichen überläßt, und keine andre Linderung
ihrer Traurigkeit und Niedergeschlagenheit findet, als die Zerstreuungen und Ergötzlichkeiten
des gesellschaftlichen Lebens.

Die Religion, wird man vielleicht sagen, ist
in einem solchen verdrüßlichen Gemüthszustan-
de ein sehr mächtiger Beystand. Ich gebe das
zu; aber ich frage: was für eine Art von Religion? Ist sie von einer wohlthätigen und gütigen Natur, ist die Andacht, die sie einflößt, gelassen, ruhig und heiter: so ist es eine natürliche Neigung, die nicht anders als heilsam seyn
kann. Machen sie aber ihre Priester finster und
menschenfeindlich, ist sie mit Angst und Furcht

vergesellschaftet, unterbrückt sie die Standhaftigkeit, den Muth, und die Freiheit des Geistes:
so wird sie unter ihren Händen ein gefährliches
Linderungsmittel; und man sieht am Ende, daß
diese köstliche Arzney, wenn nicht gehörig mit
ihr umgegangen wird, schlimmer sey, als die
Krankheit selbst. Die schreckende Betrachtung
von dem großen Umfang unsrer Pflichten, eine
strenge Untersuchung des Zwanges, der uns vorgeschrieben ist, der Anblick des Abgrundes, der
den Uebertretern des Gesetzes offen sieht, sind
nicht immer und zu jederzeit, nicht für alle Arten von Menschen ohne Unterschied schickliche
Gegenstände, um die Unruhe des Geistes zu mäßigen *). Das Temperament muß durch so

---

*) Diese ganze Lehre stimmt vollkommen mit dem
Verfahren unsrer erleuchteten Seelsorger überein: diese verstehn vollkommen, nach den mancherley Tempera-
menten und Gemüthsarten der Menschen, ihnen einen
rächerischen oder barmherzigen Gott vorzustellen. Haben
sie einen Bösewicht zu schrecken, so eröffnen sie höllische
Schlünde unter seinen Füßen. Kömmt es darauf an,
eine niedergeschlagne Seele aufzurichten, dann stellen sie
ihr einen Gott vor Augen, der für ihr Heil starb. Ein
entgegengesetztes Verfahren würde den einen nur unbuß-
fertig, und den andern vor Verzweiflung rasend machen.

ſchwarze Betrachtungen nur kränker, und die
üblen Säfte in noch gröſſere Gährung geſetzt
werden.   Wenn das Opfer ſolcher melancholi-
ſchen Vorſtellungen auf Anrathen, aus Furcht
oder aus Noth, ſich ihrer einigermaßen zu ent-
ſchütten, Ruhe und Freude zu erkünſteln ſucht;
was hilft es im Grunde? So lange es von ſeinem Verhalten nicht abläßt, ſo wird ſein Herz
immer daſſelbe bleiben; es wird nur die äußer-
liche Miene geändert haben.   Wann der Tiger
einen Augenblick in Feſſeln liegt, und ſeine Handlungen wirklich keine Wildheit verrathen; iſt er darum zahmer geworden? Wird er weniger grauſam
ſeyn, wenn man die Feſſeln zerbricht? Nein, gewiß nicht! Und was hat alſo eine ſo ungeſchickt
vorgeſtellte Religion geholfen? Die Kreatur hat
immer noch die nämliche Quelle der Schwermuth in ſich; ihre Unluſt hat ſich nur vermehret
und verſtärkt, und ihre intellektuellen Vergnügungen ſind nur ſchwächer und ſeltner geworden.

Man wendet vielleicht ein, daß in der That
bey verzweifelten Umſtänden, bey einem gänzlichen Verfall der häuslichen Angelegenheiten, bey
einem unaufhaltſamen Strome von Widerwärtig-
keiten, ſich Kummer, und üble Laune des Temperaments bemächtigen und es in Unordnung
bringen können; daß aber in einem gemächli-

chen und glücklichen Zustande ein solches unglück
liches Schicksal nicht zu befürchten stehe, daß die
täglichen Bequemlichkeiten des Lebens, und ein
immer fortdauerndes gutes Auskommen, eine
hinlängliche Schutzwehr gegen alle Anfälle seye
die das Temperament etwa kann auszustehen ha
ben. Hierauf antworten wir, je angenehmer
ruhiger und bequemer der Zustand einer Krea
tur ist, desto quälender, unangenehmer und
schmerzlicher sind ihr die geringsten Widerwär
tigkeiten, die leichtesten Unfälle, die kleinsten Sor
gen. Je unabhängiger und freyer sie ist, desto
leichter ist es sie misvergnügt zu machen, zu be
leidigen und aufzubringen, und desto nöthiger
hat sie also den Beystand der gesellschaftlichen Nei
gungen, um sich vor dem Menschenhasse sicher zu
stellen. Dieses wird durch das Beyspiel der Ty
rannen, deren auf Verbrechen gegründete Macht
sich nur durch Furcht und Schrecken erhalten
läßt, hinlänglich bestätigt.

Was die Ruhe des Geistes anbetrifft, so kann
man sich folgendermaßen überzeugen, daß nur
die gesellschaftlichen Neigungen sie uns verschaf
fen können. Man wird unstreitig zugeben, daß
eine Kreatur, wie der Mensch, der nur durch ei
ne lange Uebung zur Reife seines Verstandes und
seiner Vernunft gelangt, auf dasjenige, was in

M 5

ihm vorgeht, ein aufmerksames Auge richtet, seinen Charakter und seine Gesinnungen kennt, über
seine Neigungen nachgedacht hat, und sein Betragen selbst entweder billigt oder misbilligt.
Ja, wenn er auch für sich selbst zu einer solchen kritischen Untersuchung nicht im Stande
wäre, so weiß man ja wohl, daß es in der
Gesellschaft nie an mitleidigen Seelen fehlt, die
gern einem jeden mit ihren Einsichten zu Hülfe
kommen; daß es liebreiche Erinnerer und Rath-
geber in Menge giebt, oft in größrer Menge, als
es uns lieb ist. Sogar die Beherrscher der Welt
und die Günstlinge des Glücks sind von dieser
kritischen Aufsicht nicht ausgenommen. Alle Be-
trügereyen der Schmeicheley sind gemeiniglich
eine solche Kritik, nur unter einer andern Gestalt; und ihre falschen Lobsprüche erinnern sie ge-
meintlich nur an das, was sie in der That sind.
Man setze noch hinzu, daß man sich selbst um desto weniger aus den Augen läßt, je eitler man ist.
Denn die Eigenliebe beschaut sich selbst nur gar
zu gern. Wenn aber auch eine vollkommne Gleichgültigkeit gegen unsern Werth uns zur Selbst-
prüfung träge machte, so würden wir doch noch
aus unruhiger und eifersüchtiger Begierde nach
gutem Rufe über unsern Wandel und unsern
Charakter nicht selten nachdenken. Auf eine oder

die andre Art ist jede denkende Kreatur von Natur genöthigt, den Anblick ihrer selbst zu ertragen,
und jeden Augenblick flüchtige Bilder ihrer Handlungen, ihrer Aufführung, ihres Charakters vor
Augen zu haben. Diese Gegenstände sind zu unzertrennlich mit ihr verbunden, als daß sie sie
nicht allenthalben begleiten, und ohne Unterlaß
kommen und wiederkommen sollten. Für denjenigen nun, den es an gesellschaftlichen Neigungen
mangelt, kann nichts unangenehmer, plagender
und verdrüßlicher seyn, als ihre Gegenwart;
aber auch nichts beruhigender, angenehmer und
süsser für den, der diese Neigungen sorgfältig in
sich erhalten hat.

Nichts kann eine vernünftige Kreatur grausamer martern, als das innre Bewußtseyn einer ungerechten Handlung, wodurch sie ihre
Mitgeschöpfe beleidigt, oder die Erinnerung einer Ausschweifung, wodurch sie ihrem eignen Interesse und ihrem eignen Glück entgegenhandelt.

Das, was man in der Moral und Theologie
Gewissen nennt, ist die erste dieser Martern. Sich
vor einem Gott fürchten, heißt deswegen noch
nicht Gewissen haben. Vor bösen Geistern, Zau-
berkünsten, Hexereyen, Besitzungen, Beschwörun-
gen und allen den Uebeln erzittern, die ein unge-
rechtes, boshaftes und teuflisches Wesen uns nur

zufügen kann, heißt deswegen noch um nichts
gewiſſenhafter ſeyn. Sich vor einem Gott fürchten, ohne irgend einer tadelhaften und ſtrafwür-
digen Handlung ſchuldig zu ſeyn, oder ſich ſchuldig zu glauben, das heißt ihm Ungerechtigkeit,
Bosheit, Eigenſinn *) zuſchreiben, und folglich

*) Dieſer Satz widerſpricht nicht dem Ausſpruche:
Alle Menſchen ſind Lügner. Er ſagt nur, daß, wenn
es einen ſo gerechten Menſchen gäbe, der ſich nicht den
geringſten Vorwurf zu machen hätte, ſeine Furcht eine
wahre Beleidigung der Gottheit ſeyn würde. Dem ſey
wie ihm wolle, ſo möchte ich wohl fragen: ob ſich die
Veränderlichkeit in unſern Empfindungen gegen Gott
mit dem Begriffe einer unveränderlichen Gottheit vertrage? Wenn ſich, möchte ich einem Andächtigen ſagen,
die Gottheit nicht ändert; warum bleibſt denn auch du
nicht ſtandhaft in einerley Faſſung des Geiſtes? Ich
weiß nicht, antworteſt du, ob er mir auch meine ver-
gangnen Fehler vergeben wird, und ich begehe ihrer noch
täglich neue. Ja, wenn du immer noch böſe biſt, dann
billige ich deine Unruhe, und möchte mich lieber wundern: warum ſie nicht ununterbrochen fortdauert? Biſt
du aber nicht mehr Lügner, Betrüger, ſchmähſüchtiger
Verläumder u. ſ. w. was haſt du dann noch zu fürchten? Ein Freund, den du mit Wohlthaten überhäuft
hatteſt, ſoll dich beleidigt haben; wirſt du ihn, wenn er

ihn nicht für einen Gott, sondern für einen Teufel halten. Die Furcht der Hölle, und alle die
Schreckniffe der andern Welt, zeugen nur dann
von einem Gewiffen, wenn fie von einem innern
Geftändniß deffen, was man begangen hat, veranlaßt werden; fobald aber die Kreatur vor fich
felbft diefes Geständniß ablegt, fo wirkt auch das
Gewiffen, und zeigt ihr ihre Strafe an, und die
Kreatur erbebt davor, wenn fie das Gewiffen
auch von der Wirklichkeit diefer Strafe nicht aufs
vollkommenfte überzeugt.

Das religiöfe Gewiffen fetzt alfo das natürliche und moralifche voraus. Die Furcht Gottes

es aufrichtig bereut, nicht gerne vergeben? Wirft du
noch die geringfte Empfindung von Rachfucht gegen ihn
übrig behalten? Der, den du anbeteft, ift wahrlich nicht
weniger gütig, als du bift. Aber aus deinem wenigen Zutrauen zu ihm, fehe ich wohl, daß du noch nicht den rechten Begriff von moralifcher Vortreflichkeit haft, daß du
noch nicht weißt, was einem vollkommenen Wefen zukömmt, oder nicht. Denn fonft würdeft du ihm nicht
Fehler leihen, von denen fchon ein rechtfchaffner Menfch
fich zu befreyen fucht, und von denen er fich wirklich
immer mehr befreyt, je beffer er wird. In der That, du
beleidigeft deinen Gott in eben dem Augenblicke, da du
glaubft, daß du ihm deine Ehrfurcht bezeugeft.

begleitet ſtets das erſtre, aber es bekömmt ſeine
ganze Stärke von der Erkenntniß eines begangnen Laſters, und einer dadurch gegen das höchſte
Weſen verübten Beleidigung, daß wir dieſes Laſter in ſeiner Gegenwart, ohne Rückſicht auf die
ihm ſchuldige Verehrung, zu begehen uns erfrecht
haben.   Denn die Schaam, vor den Augen eines
ſo ehrwürdigen Weſens gefehlt zu haben, muß
uns allein ſchon äußerſt beunruhigen, wenn wir
auch an ſeine Gerechtigkeit, ſeine Allmacht, und
ſeine zukünftige Austheilung der Strafen und
Belohnungen noch nicht denken.

Wir haben geſagt, daß keine Kreatur das
Böſe vorſetzlich verübe, ohne ſich innerlich für
ſtrafwürdig zu erkennen; und wir können hinzuſetzen, daß in dieſem Verſtande jede empfindende
Kreatur ein Gewiſſen habe.   Folglich muß der
Laſterhafte von jedermann erwarten und fürchten, was er von einem einzeln verdient zu haben
ſelbſt erkennt.   Aus der Furcht Gottes und der
Menſchen entſteht alſo Unruhe und Argwohn.
Allein das Wort Gewiſſen zeigt noch etwas mehr
an, nämlich eine Kenntniß von der Häßlichkeit
ſtrafwürdiger Handlungen, und eine geheime
Schaam, ſie begangen zu haben.

Es giebt vielleicht keine einzige Kreatur, die
gegen die Schande der begangnen Verbrechen

völlig unempfindlich wäre, keine einzige, die sich,
ohne *) Schmerz und ohne Reue, der Vorwürfe
und des Haffes von ihres Gleichen innerlich rüh-
big erkennte, keine einzige, die ihre schimpflichen
Handlungen mit einem gleichgültigen Auge betrachtete. Wäre es ja möglich, daß es ein solches Ungeheuer, ohne alle Liebe zum Guten, ohne
allem Abscheu vor dem Bösen gäbe, so würde es
auf der einen Seite von aller natürlichen Neigung entblößt, und folglich aller intellektuellen
Vergnügungen vollkommen beraubt seyn, auf der
ändern würde es alle unnatürliche Neigungen
haben, womit eine Kreatur angesteckt seyn kann.
Gar kein Gewissen, oder gar kein Gefühl von der
Häßlichkeit des Lasters haben, heißt also im höchsten Grade elend seyn. Hingegen Gewissen haben, und dagegen sündigen, das heißt sich, wie
wir bewiesen haben, schon hienieden unaufhörli-
chem Schmerz und Verdrusse aussetzen.

Ein Mensch, der das Unglück hat, in einem
ersten Anfalle von Hitze, einen Menschen zu tödten, kömmt bey dem Anblick dessen, was er ge-

---

*) Le crime — — est le premier bourreau,
   Qui dans un sein coupable enfonce le couteau.
                              RACINE Poeme sur la Religion.

D. i. Das Verbrechen ist der erste Henker, der in einen
strafbaren Busen den Dolch stößt.

than, bald wieder zu sich, sein Haß verwandelt
sich in Mitleid, und seine Wuth kehrt sich gegen
ihn selbst. Aber nicht allein der gegenwärtige Anblick martert ihn; auch wenn er den Leichnam
des Erschlagnen nicht mehr vor sich sieht, dauert
noch seine Angst und seine Bangigkeit fort; das
Blut bricht in seiner Einbildung immer von
neuem aus der Wunde hervor.   Immer überfal-
len ihn neue Schauer, und wohin er nur fliehen
mag, da begleitet ihn die grausame Erinnerung
seiner Mordthat.   Nähme man aber an, der
Mörder hätte seinen Mitmenschen ohne Schauder, ohne das mindeste Gefühl von Unruhe sterben sehen: so würde entweder dieser Bösewicht
aller Empfindung von der Häßlichkeit des Lasters,
aller natürlichen Neigung, und mithin alles innren Friedens, aller innren Glückseligkeit ermangeln; oder, wenn er noch einigen Begriff von
moralischer Schönheit hätte, so würde es ein selt-
sames Gemisch ungeheurer und widersprechender
Ideen, ein ungestaltes Schattenbild von Tugend, es würden ausschweifende Vorurtheile
seyn, die er für das wahre Große, Heroische und
Schöne in den Gesinnungen annähme. Wie unglücklich ist aber nicht ein Mensch in einem solchem Zustande!   Das Phantom von Ehre, das
er anbetet, ist ein unwesentliches Unding, das er

nirgends zu faſſen weiß, und bey deſſen Verfolgung er ſich in unendliche Verlegenheiten, Beſchwerlichkeiten und Gefahren ſtürzt. Wir haben bewieſen, daß allein die Tugend unaufhörlich unſre Achtung und unſern Beyfall verdient, weil ſie allein uns wahre Vergnügungen
gewähren kann. Wir haben dargethan, daß wer
ſich von einer ungereimten Religion verführen,
oder von einer barbariſchen Gewohnheit hinreißen läßt, ſeine Ehrfurcht an Weſen zu verſchwenden, die von der Tugend nichts als den
Namen haben, daß dieſer nothwendig, entweder
durch die Unbeſtändigkeit einer ſo übel angebrach-
ten Hochachtung, oder durch die abſcheulichen
Thaten, wozu er verleitet wird, alle Liebe der Gerechtigkeit verlieren, und mithin vollkommen
elend werden, oder, wenn ſein Gewiſſen noch
nicht verſtummt iſt, von einer Unruhe zur andern, von einem Schreckniſſe zum andern übergehen und in ſteter Verzweiflung leben müſſe.
Es iſt unmöglich, daß ein tobender Schwärmer,
ein wütender Verfolger, ein Mörder, ein Duel-
lant, ein Dieb, ein Seeräuber, oder jeder andre
Feind der geſellſchaftlichen Neigungen und des
menſchlichen Geſchlechts einige beſtändige Grundſätze, einige unveränderliche Regeln in der Austheilung ſeiner Hochachtung und in ſeinem Ur-

Erſter Theil.   N

theile über Handlungen befolgen könne. Je mehr
er alſo ſeinen Eifer anfacht, je mehr er nach Ehre geizt, deſto tiefer erniedrigt er ſeine Natur, deſto mehr verderbt er ſeinen Charakter. Je mehr
Hochachtung und ausſchweifende Bewundrung
er für eine laſterhafte und abſcheuliche That gewinnt, die er ſich als groß, ſchön und tugendhaft denkt, in deſto mehr Widerſprüche verwi-
ckelt er ſich, und deſto unerträglicher, wird ihm
vom Tage zu Tage ſein Zuſtand. Denn es iſt
gewiß, daß man weder eine natürliche Neigung
ſchwächen, noch eine unnatürliche ſtärken kann,
ohne die allgemeine Oekonomie der Neigungen
zu ſtören. Da nun aber die Verderbniß des Charakters um deſto größer iſt, je ſchwächer die natürlichen und je ſtärker die unnatürlichen Neigungen ſind: ſo muß ein Menſch mit ſich ſelbſt um
deſto unzufriedner und mithin auch um deſto elen-
der ſeyn, jemehr er falſche Begriffe von Ehre
und von Religion angenommen hat.

Folglich muß jeder abergläubiſche Begriff, jeder ungerechte und zur Unmenſchlichkeit geneig-
te Charakter, den wir entweder aus irrigem Gewiſſen oder aus übelverſtandner Ehre angenommen
haben, nur dazu dienen, jenes andre wahre und
rechtſchafne Gewiſſen aufzubringen, das uns nichts
überſieht, und das eben ſo ſchnell bereit iſt, uns

durch seine Vorwürfe für jede böse Handlung zu
bestrafen, als uns durch seinen Beyfall und sein
Lob für jede tugendhafte Handlung zu belohnen.
Wenn derjenige, der auf irgend eine Autorität,
welche es auch seyn mag, ein einziges Verbrechen
begeht, deswegen zu entschuldigen wäre, so könnte er sich mit gutem Gewissen, so oft er nur dergleichen Gründe für seinen Gehorsam anzufüh-
ren hätte, in solche Abscheulichkeiten stürzen, an
die er vielleicht selbst nicht ohne Entsetzen denken könnte. Nur ein Augenblick Ueberlegung
wird hievon unfehlbar einen jeden überzeugen,
der durch das Beyspiel von seines Gleichen hin-
gerissen, oder durch höhere Befehle in Schrecken
gesetzt, zur Theilnehmung an Handlungen versucht wird, die seine eigne Empfindung mißbil-
ligt.

Der zweyte Hauptzweig des Gewissens ist die
Erinnerung des Schadens, den man durch ein
unvernünftiges und ausschweifendes Betragen
seinem eignen wahren Interesse und seiner gegenwärtigen Glückseligkeit zugefügt hat. Die moralische Fühllosigkeit, die sich der Lasterhafte
durch seine Verbrechen und Ungerechtigkeiten endlich zuzieht, hindert und schwächt diese unangenehme Erinnerung nicht; denn wenn er auch vor
sich selbst über sein Verderben nicht schamroth

N 2

wird, ſo muß er dennoch empfinden, daß er den
Haß Gottes und der Menſchen dadurch verdient
habe; oder wenn er an Gott nicht glaubt, ſo
bleibt doch immer noch die Unruhe wegen
der Menſchen übrig. Seine Unempfindlichkeit
gegen Laſter und Tugend ſetzt eine vollkommne
Unordnung in den natürlichen Neigungen voraus, und dieſe läßt ſich auch bey der feinſten
Verſtellungskunſt ſchlechterdings nicht verbergen. Er kann alſo unmöglich bey einem ſo unglücklichen Charakter die Hochachtung, die Freundſchaft und das Vertrauen ſeiner Mitmenſchen beſitzen; mithin iſt er nothwendig elend! Man ſage ja nicht, daß er vielleicht von ſeinem Elende
keine Empfindungen habe; er wird die Verbindlichkeit, Zärtlichkeit und Hochachtung ſehn, welche die Rechtſchaffnen in ihrem Betragen gegen
einander äußern, und dieſer Anblick wird ihn
täglich mit dem bitterſten Verdruſſe und der quä-
lendſten Eiferſucht erfüllen.

Aus allem, was wir geſagt haben, iſt es leicht
abzunehmen, wie ſehr die Glückſeligkeit von der
guten Oekonomie der natürlichen Neigungen ab-
hängt. Denn wenn der vornehmſte Theil der
Glückſeligkeit in den intellektuellen Vergnügungen beſteht, und wenn die intellektuellen Vergnügungen aus den unverfälſchten und uneinge-

schränkten gesellschaftlichen Neigungen entspringen, so ist offenbar, daß, wer diese Neigungen so
unverfälscht und uneingeschränkt besitzt, auch die
innerliche Zufriedenheit, die das ganze Glück
des Lebens ausmacht, besitzen müsse.

Die Vergnügungen des Körpers und der
Sinne bedeuten nur wenig, und gewähren, wenn
sie nicht durch die gesellschaftlichen Neigungen
erhöht und beseelt werden, nur eine geringe Glückseligkeit.

Glücklich leben bedeutet bey manchen Leuten
nichts, als gut essen und trinken. Meines Erach-
tens erweist man diesen Leuten schon viel Ehre,
wenn man ihnen zugiebt, daß so leben überhaupt nur leben heiße. Denn, wenn unsre Rechnung uns nicht betrügt, so eilen Wollüstlinge
dieser Art mit einer solchen Geschwindigkeit über
die großen Vergnügungen hinweg, daß sie solche
kaum obenhin berühren.

Doch wie reizend auch die Vergnügungen der
Tafel seyn mögen, wie viel auch der Gaumen
zur Glückseligkeit beytragen, und wie gut man
sich auch auf eine wohlschmeckende Mahlzeit verstehen mag: so sind doch vermuthlich die gedach-
ten Wollüstlinge für das Vergnügen der Schmau-
sereyen nur deswegen so eingenommen, weil sie
sich auf einen gewissen geglaubten Geschmack in

N 3

der Einrichtung und Bedienung der Tafel, und
auf ihre vollkommne Geſchicklichkeit in der Be-
wirthung einer Geſellſchaft etwas zu gute thun.
Denn wenn man die Anordnung der Bedienung,
das Aſſortiment der Speiſen, die Menge und
Pracht des Silbergeſchirrs, und die Kunſt des
Kochs bey Seite ſetzt, ſo verdient das Uebrige,
auch nach dem eigenen Geſtändniſſe dieſer Epi-
kuräer, kaum in Rechnung zu kommen.

Selbſt das lüderliche Leben, das anders
nichts, als ein zu lebhafter Geſchmack an den
bloß körperlichen Vergnügungen iſt, ſchließt die
Idee der Geſellſchaft mit in ſich. Wer ſich ein-
ſchließt, um ſich zu betrinken, den hält man für
einen Narren, aber nicht für einen lüderlichen
Menſchen. Man nennt ſeine Ausſchweifungen
Völlerey, aber nicht zügelloſe Lebensart. Auch
ſuchen unzüchtige Weiber, ja ſogar die gemeinſten
Buhlſchweſtern, die ihre Reize verkaufen, die
Mannsperſonen zu überreden, daß ſie an dem
Vergnügen Theil nehmen, und eben ſo viel ſelbſt
davon genießen, als ſie ihnen verſchaffen. In
der That iſt dieſer Kunſtgriff für ihr Gewerbe
ſehr wichtig; denn ohne eine ſolche Einbildung
würde das Uebrige, ſelbſt für den gröbſten Wolluſt-
ling, nur wenig Anziehendes haben.

Giebt es wohl einen Menschen, der, allein und von allem Umgang abgesondert, sich eine dauerhafte Zufriedenheit verschaffen oder nur denken könnte? Welche sinnliche Ergötzung ist im Stande gegen die Langeweile der Einsamkeit auszuhalten? Man denke sie sich noch so ausgesucht; so wird doch jeder, wenn er sie mit niemanden theilen kann, ihrer bald überdrüßig werden. Man mache sich noch so viel Systeme; man gebe noch so viel Verachtung gegen den Beyfall seiner Mitmenschen vor; man quäle sich noch so sehr, die Natur intereßirten und für die Gesellschaft schädlichen Grundsätzen zu unterwerfen, die wahren Gesinnungen der Natur werden dennoch durchbrechen; und Kummer, Unruhe und Ueberdruß werden uns früh oder spät das Lächerliche dieses Verfahrens, die traurigen Folgen einer solchen Gewaltthätigkeit, und die Strafe, die so widernatürlichen Bemühungen gebührt, empfinden lassen.

Die Vergnügungen der Sinne hängen also eben wie die Vergnügungen des Geistes von den gesellschaftlichen Neigungen ab. Wo diese fehlen, sind jene ohne Leben und Kraft, und erregen sogar zuweilen Ungeduld und Ueberdruß. Verbinden mit diesen Neigungen sind sie reiche Quellen von Freude und Wollust: ohne sie werden sie

Quellen von Unmuth und Misvergnügen. Man
ſiehet dieſes deutlich an dem ſo unbeſtändigen
und ſo eigenſinnigen Geſchmacke derjenigen, deren Vergnügungen durch kein moraliſches Gefühl
gewürzt werden. Ohne Mittheilung muß die
Fröhlichkeit, und ohne Gegenliebe die Liebe erſter-
ben. Die lebhafteſte Leidenſchaft erliſcht gar
bald, wenn ihr nicht eine gewiſſe Großmuth und
Zärtlichkeit zu Hülfe kommt, die noch etwas mehr
als unſer eignes Vergnügen verlangt. Ohne dieſen Reiz würde die entzückendſte Schönheit bald
verlaſſen werden. Jede Liebe, die nichts zum
Grunde hat, als den Genuß des geliebten Gegenſtandes, verwandelt ſich bald in Abſcheu: mit ſie-
berhafter Hitze überläßt ſie ſich dem Genuſſe; auf
dieſen folgt bald die Sättigung, und auf die Sättigung Ekel. Die größten Süßigkeiten der Vergnügungen ſind benjenigen aufbehalten, die ſich
zu mäßigen wiſſen; und doch geſtehen dieſe das
Leere, das ſie darinnen finden, am erſten. Ob
ſie ſie gleich in dem höchſten Grade genießen; ſo
ſind ſie doch alle darinn einig, daß, ohne einen
ſtarken Zuſatz von geſellſchaftlicher Neigung, nicht
die geringſte wahre Zufriedenheit darinnen zu finden ſey.

Doch, ehe wir dieſen Abſchnitt endigen, wollen wir noch zum letztenmale die geſellſchaftli-

chen Neigungen auf die Wage legen, und die nachtheiligen Folgen ihrer Einschränkung gegen den Vortheil abwägen, der mit ihrer Vollständigkeit verbunden ist.

Jedermann weiß, daß es zur Gesundheit des Körpers nothwendig ist, ihm Bewegung und Thätigkeit zu verschaffen. Entzieht man sie ihm, so wird er hinfällig und matt, und erliegt unter der Menge seiner unausgearbeiteten Säfte; die Nahrungsmittel, die ihm Kraft geben sollten, machen ihn immer noch schwächer, und die Lebensgeister, die in den äußern Gliedern keine Beschäfftigung finden, treten in die innern Theile zurück; so daß am Ende die Natur durch sich selbst verzehrt und erdrückt wird. Es ist in diesem Stücke mit der Seele des Menschen gerade, wie mit seinem Körper; auch die Seele erfordert zu ihrem Wohlseyn eine ihr eigene Thätigkeit, bey deren Ermangelung sie schlaff wird und in Unordnung geräth. Lenkt man die Neigungen und Gedanken von ihren natürlichen Gegenständen ab, so werfen sie sich auf die Seele selbst zurück, und erfüllen sie mit Verwirrung und Unruhe.

Bey andern Thieren und Geschöpfen, welche die Fähigkeit zu denken nicht in eben dem Grade der Vollkommenheit, als der Mensch, besitzen, hat die Natur wenigstens die Vorsicht gebraucht,

daß die tägliche Bemühung um Nahrung, die
Sorgfalt für ihre Familie, der Trieb zur Fortpflanzung ihres Geſchlechts, ihnen ihre ganze Zeit
wegnimmt, und die Leidenſchaft ſie bey dieſen ihren mancherley Verrichtungen immer in eine ihrer Conſtitution gemäßen Bewegung ſetzt. Man
reiße dieſe Kreaturen aus ihrem arbeitſamen und
natürlichen Zuſtande heraus; man verſetze ſie in
einen Ueberfluß, der alle ihre Bedürfniſſe überflüßig und ohne Mühe befriedigt: ihr Temperament wird bald die Folgen von dieſem üppigen
Müßiggange empfinden; ihre Fähigkeiten werden ſich bey dieſer bequemen Unthätigkeit bald
verſchlimmern. Wenn man ihnen ihre Nahrung
wohlfeiler verſchafft, als es die Abſicht der Natur war, ſo erkaufen ſie dieſen kleinen Vortheil
mit Verluſt ihres natürlichen Scharfſinns und
faſt aller Tugenden ihrer Gattung.

Es iſt nicht nöthig, dieſes durch Beyſpiele zu
beweiſen. Wer nur die geringſte Kenntniß von
Naturhiſtorie hat, wer es ſeiner nicht ganz für
unwürdig gehalten, das Betragen der Thiere zu
beobachten, und ſich von ihrer Lebensart und
der Art ihrer Fortpflanzung zu unterrichten; der
hat, in einerley Thiergattung, eine große Verſchiedenheit zwiſchen der Geſchicklichkeit der wilden und der zahmgemachten bemerken müſſen:

Man könnte sagen, die letztern wären nur Bestien
in Vergleichung mit den erstern. Sie haben gar
nicht die nämliche Geschicklichkeit, gar nicht den
nämlichen Instinkt mehr, so lange sie in ihrer ge=
mächlichen Sklaverey verbleiben: giebt man ih=
nen aber die Freiheit wieder, kommen sie wieder
in die Nothwendigkeit, für ihre Bedürfnisse zu
sorgen; so stellen sich auch alle ihre natürlichen
Neigungen, und mit ihnen alle Klugheit ihrer
Gattung wieder ein. Sie nehmen in der Noth
alle die Tugenden wieder an, die sie im gemächli=
chern Leben abgelegt hatten, sie treten in eine ge=
nauere Verbindung, zeigen mehr Zärtlichkeit ge=
gen ihre Jungen, versorgen sich auf die Jahrszei=
ten, und bedienen sich aller Hülfsmittel, die ih=
nen die Natur zur Erhaltung ihrer Gattung ge=
gen das Ungemach der Witterung und die List
ihrer Feinde eingiebt. Kurz, durch die Beschäff=
tigung und die Arbeit erhalten sie alle ihre na=
türlichen Vorzüge wieder, die sie durch den Ueber=
fluß verloren hatten.

Unter den Menschen verdammt die Dürftig=
keit den einen Theil zur Arbeit, indeß der andere
in vollkommnen Ueberflusse sich mit der Arbeit
und dem Schweiße der erstern mästet. Wenn diese
Reichen nicht durch irgend eine schickliche Uebung
den Mangel der körperlichen Arbeiten ersetzen,

von denen sie ihr Stand freyspricht; wenn sie,
anstatt sich irgend einer, an und für sich anstän-
digen und der bürgerlichen Gesellschaft nützlichen
Beschäfftigung, z. E. der Litteratur, den Wissenschaften, den Künsten, dem Ackerbau, der Haus-
wirthschaft; oder den öffentlichen Angelegenheiten zu widmen, vielmehr alle Geschäffte überhaupt mit Verachtung ansehen; wenn sie es an-
ständiger finden, sich in ein ganz müßiges Leben
zu vergraben, und in eine ganz geschäfftlose
Weichlichkeit zu versinken: so müssen nothwendig, bey einer solchen fortdauernden Unthätigkeit,
die Leidenschaften allen ihren Eigensinn ausüben,
und der Geist, der bey diesem Schlummer der
gesellschaftlichen Neigungen seine ganze Thätigkeit beybehält, muß nothwendig auf die unge-
heuersten Ausschweifungen verfallen.

Auf welchen Grad steigen nicht Schwelgerey
und Laster an solchen Oertern, die seit langer Zeit
die Hauptstädte ihrer Reiche sind, und die den
größten Haufen der reichen Müßiggänger und
vornehmen Ignoranten der Nation in sich schlies-
sen! Die Laster zeigen sich hier auf ihrer größten
und fürchterlichsten Höhe. Aber ganz anders
verhält es sich an andern Oertern, wo der Mensch,
von Jugend auf zur Arbeit gewöhnt, sich in spä-
tern Jahren aus einem Amte, das der Gesell-

schaft nützlich ist, eine Ehre macht. Die Unordnungen, die in großen Städten, an Höfen, in
Palästen, in reichen Mönchsklöstern, und überhaupt in jeder Gesellschaft herrschen, wo der
Reichthum den Müßiggang eingeführt hat, sind
in entlegnen Provinzen, an kleinern Oertern, in
den arbeitsamen Familien, und unter der Klasse
des Volks, die von ihrem Fleiße lebt, fast gänzlich unbekannt.

Wenn wir nun aber bisher von unsrer innern Verfassung nichts behauptet haben, das
nicht der Wahrheit gemäß ist; wenn man uns
einräumt, daß es Gesetze giebt, welche die Natur
in der Einrichtung unsrer Neigungen mit eben
der Genauigkeit befolgt, wie in der Bildung unsrer Glieder und Organen; wenn es bewiesen ist,
daß die Thätigkeit zur Gesundheit der Seele unumgänglich erfodert wird, und daß die heilsam-
ste Thätigkeit in der Uebung der gesellschaftlichen
Neigungen besteht: so kann man nicht leugnen,
daß, wenn diese Neigungen ihre natürliche Lebhaftigkeit und Spannung verloren haben, die
innre Verfassung darunter leiden und in Unordnung gerathen muß. Es hilft nichts, daß man
aus der Unthätigkeit, Unempfindlichkeit und
Gleichgültigkeit eine Art von Kunst macht, und
in seinem Müßiggange einen gewissen überlegten

Plan befolgt: die Leidenschaften erhalten durch
diese Art von Einschränkung nur desto gröſ-
ſre Gewalt, ſetzen ſich bald in ihre völlige Freiheit, und erfüllen die Seele mit Verwirrung und
Unruhe. Da es ihnen an aller natürlichen und
anſtändigen Beſchäftigung fehlt, ſo brechen ſie in
thörichte, ungeheure und widernatürliche Handlungen aus; alles Gleichgewicht geht verloren,
und das ganze innre Gebäude ſtürzt über den
Haufen.

Man müßte von der Methode, welche die Natur
in der Organiſation der Thiere beobachtet, nur ſehr
unvollkommne Begriffe haben, wenn man glauben
wollte, daß eine ſo große Stütze des innern Gebäudes, als die Oekonomie der Neigungen iſt, ein-
geriſſen oder erſchüttert werden könne, ohne den
Einſturz des ganzen Gebäudes entweder wirklich
nach ſich zu ziehen oder doch beſorgen zu laſſen.
Wer dieſes innere Gebäude ein wenig kennt, der
findet eine ſo genaue Ordnung, eine ſo abge-
meßne Verbindung der Theile darinn, daß eine
einzige zu anhaltende oder zu heftige Leidenſchaft
ſogleich alle übrigen ſchwächen und niederdrücken
und mithin den Umſturz des Ganzen befördern
muß. Dieſe traurige Wirkung erfolgt bey dem
Wahnſinne und der Verrückung. Der Geiſt wird
in dieſem Falle von einem traurigen oder fröhli-

chen Gegenstande allzuheftig gerührt; seine Kräfte erliegen unter der Anstrengung, und sein Verfall beweist, wie nothwendig ein richtiges Gleichgewicht unter den Neigungen sey.

Es giebt unter den Thieren mancherley Arten von Neigungen, mancherley Klassen von Leidenschaften, mancherley Unterschiede derselben, die sich nach dem Unterschiede der Geschlechter und der Organe richten. Allenthalben aber ist die Größe und die Verschiedenheit der Ursachen nach der Größe und Verschiedenheit der hervorzubringenden Wirkungen abgemessen, und die innre Oekonomie der Neigungen entspricht genau der Beschaffenheit und den Kräften des Körpers. Es muß daher unausbleiblich Unvollkommenheit und Verwirrung entstehen, wenn das Eigenthümliche zweyer Gattungen in einem und eben demselbigen Individuum vermischt ist; das will sagen, wenn für die Gattung, wozu das Ding gehört, die Neigungen zu schwach oder zu stark, die Leidenschaften zu ungestüm oder zu schläfrig sind, wenn natürliche Empfindungen fehlen und andre unnatürliche an ihre Stelle getreten.

Nichts ist geschickter, unser System zu bestätigen, als die Vergleichung einer gesunden Geburt mit einer Mißgeburt, eines wohlgestalten

Körpers mit einem gebrechlichen, der durch einen
Zufall ſchon in Mutterleibe verunglückt und der
Natur gleichſam unter den Händen mißrathen iſt.
Eine Vermiſchung zweyer Gattungen, ein Zwit-
tergeſchöpf, das beide Geſchlechter in ſich vereinigt, nennt man ein Ungeheuer : und warum ſollten
wir denn den, deſſen innre moraliſche Beſchaffenheit verunſtaltet, deſſen Neigungen ſeiner Natur
fremde ſind, nicht auch ſo nennen? Wir ſagen
von einem Thiere, daß es ein ungeheures und
ausgeartetes Geſchöpf ſey, wenn es ſeinen In-
ſtinkt verloren hat, ſich von ſeines Gleichen entfernt, ſeiner Jungen nicht achtet, von ſeinen er-
haltnen Fähigkeiten und Organen einen verkehrten Gebrauch macht: und was ſollen wir denn
von einem Menſchen ſagen, dem es an menſchlichen Neigungen fehlt, der eine Denkungsart,
einen Charakter verräth, welcher der Natur ſeiner
Gattung entgegen iſt?

Aber welch ein Unglück iſt es nicht für eine
Kreatur, die mehr als jede andre zur Geſellſchaft
beſtimmt iſt, derjenigen Neigungen beraubt zu
ſeyn, die ſie zum allgemeinen Beſten ihrer Gattung thätig machen würden? Denn man muß geſtehn, daß keine Kreatur weniger zur Einſamkeit
gemacht iſt, als der Menſch in ſeinem natürlichen Zuſtande. Er wird auch wider ſeinen Wil-

len hingeriffen, die Bekanntschaft, den Umgang und die Achtung seiner Mitgeschöpfe zu suchen. Die Gewalt der gesellschaftlichen Neigung ist bey ihm so groß, daß kein Vorsatz, kein Kampf, keine Macht, kein Gebot ihn zurückhalten können; er muß entweder der Kraft dieser Leidenschaft nachgeben, oder in eine abscheuliche Niedergeschlagenheit, in eine Melancholie verfallen, die tödtlich werden kann.

Der ungesellige Mensch, oder derjenige, der sich freywillig aus der Welt verbannt, der alle Verbindung mit der bürgerlichen Gesellschaft aufhebt, und ihre Pflichten ganz abschwört, muß krank, finster, traurig und verdrüßlich seyn.

Der einsame Mensch, den entweder Gewalt oder Zufall von der menschlichen Gesellschaft abgesondert hat, muß von dieser Absonderung in seinem Gemüth sehr unangenehme Folgen empfinden. Die Traurigkeit und der Unmuth entstehen jederzeit, wo die gesellschaftliche Neigung ertödtet oder unterdrückt worden; hat sie aber Gelegenheit völlig frey zu wirken, und sich in ihrer ganzen Kraft zu zeigen, dann erregt sie solche Entzückungen, als nur immer ein Mensch fühlen kann, der aus einem finstern Kerker, worinnen er lange geschmachtet, wieder ans Tageslicht kommt. Nur wenig Menschen werden mit

Erster Theil. D

der Freude unbekannt ſeyn, die man nach einer
langen Einſamkeit oder Abweſenheit fühlt, wenn
man einem Freunde ſein Herz wieder aufſchlieſ-
ſen, und ſeine ganze Seele gegen ihn ausſchüt-
ten kann.

Dieſe Leidenſchaft äußert ſich auch ſehr deutlich bey Perſonen, welche einen erhabnen Poſten
bekleiden, bey Fürſten, bey Monarchen, und bey
allen denen, die ihr Stand über den gewöhnlichen Umgang mit den Menſchen hinaus hebt,
und die es zur Erhaltung ihres Anſehens nöthig
finden, ſich nur ſelten vor ihnen ſehen zu laſſen,
und ihre Ehrfurchtsbezeigungen nur in einer weiten Entfernung vom Throne anzunehmen. Der
Zwang, den ſie ſich durch dieſe Entfernung an-
thun, wird ihnen läſtig *), und ſie befreyen ſich

---

*) Die orientaliſchen Monarchen bleiben in dem In-
nerſten ihres Serails eingeſchloſſen, oder wenn ſie ſich ja
einmal ihren Unterthanen zeigen, ſo geſchieht es mit einem Gefolge und einem Aufzuge, der Schrecken ein-
prägt. Wem ſchenken ſie aber, in Wollüſten verſunken,
ihr Vertrauen? Einem elenden Verſchnittnen, dem Diener ihrer Lüſte, einem niederträchtigen Schmeichler, einem gemeinen Bedienten, den die Niedrigkeit ſeiner
Herkunft oder ſeines Amtes von allem feinern Gefühle
freyſpricht. Es iſt keine Seltenheit, zu ſehen, daß ein

davon in dem Innern ihres Hauses. Die finstern
Monarchen des Orients, diese stolzen Sultane,
nähern sich denen, die zunächst um ihre Person
sind, überlassen sich ihnen, theilen sich ihnen mit.
Nur fallen sie freylich mit ihrer Wahl nicht immer auf die redlichsten Leute; aber was schadet
dieß der Gewißheit unsrer Behauptungen? Genug, daß sie eben sowohl, als alle andre Menschen, ihre Vertrauten und ihre Freunde bedürfen. Mögen es immer Leute ohne alles Verdienst,
Sklaven, Verschnittne, und zuweilen die nichts-
würdigsten verächtlichsten Menschen seyn, die sie
zum Range ihrer Günstlinge erheben: die Kraft
der gesellschaftlichen Neigungen fällt dadurch nur
desto mehr in die Augen. Selbst gegen Ungeheuer zeigen sich diese unglücklichen Fürsten als
Menschen; hegen Sorgfalt für sie, schließen ihnen ihr Herz auf, handeln frey, aufrichtig und

Sklave des Serails von Ehrenamt zu Ehrenamt bis
zum Posten eines Veziers steigt, die Geißel der Völker
wird, und auf eine tragische Art sein Leben in den zu
Konstantinopel so gewöhnlichen Unruhen einbüßt, wo
der Minister von seinem Herrn eben so niederträchtig
verlassen und der Wuth der Rebellen aufgeopfert wird,
als er blindlings auf einen Posten erhaben ward, der
nur der Tugend und dem Verdienste bestimmt seyn sollte.

großmüthig mit ihnen, und theilen oft ſogar mit
dieſen Elenden ihre Macht und ihr Anſehen. Eigennutz findet bey dieſem Betragen nicht ſtatt;
denn nach den Grundſätzen einer geſunden Politik iſt es meiſtentheils ihrem wahren Vortheile,
jederzeit aber der Glückſeligkeit ihrer Unterthanen entgegen. Eben in denjenigen Ländern, wo
nicht die Liebe des Volks, ſondern die Liebe irgend eines nichtswürdigen Günſtlings den Monarchen beherrſcht, eben da zeigen ſich alle die
unglücklichſten Folgen der Tyranney; der Fürſt
wird traurig, argwöhniſch und grauſam: und
die Unterthanen empfinden die Wirkungen dieſer
ſchrecklichen, aber zur Unterſtützung einer ſolchen
Hoheit, welche nicht auf die Liebe, ſondern die
Furcht der Unterthanen gebaut iſt, unentbehrli-
chen Leidenſchaften. Es wäre überflüßig, dieſe
Betrachtung mit Zeugniſſen aus der Geſchichte
zu beſtätigen.

Man ſieht hieraus, wie groß die Gewalt der
geſellſchaftlichen Neigung, wie tief ſie in unſre
Natur eingewurzelt, durch wie viele Aeſte ſie mit
den übrigen Leidenſchaften verflochten, wie ſehr
ſie zur guten Einrichtung der Triebe und zu unſrer Glückſeligkeit nothwendig iſt.

Es iſt alſo ausgemacht, daß das große und
weſentliche Mittel zur Selbſtzufriedenheit der

Befiß der gesellschaftlichen Neigungen, hingegen
der Mangel derselben das größte Elend ist; und
eben dieß war es, was ich zu erweisen hatte.

Zweyter Abschnitt.

Wir haben noch darzuthun, daß die Heftigkeit
der Privatneigungen die Kreatur unglücklich
mache.

Um etwas methodisch zu verfahren, wollen
wir zuerst bemerken, daß alle Leidenschaften, die
sich auf das besondre Interesse und den Privat-
zustand der Kreatur beziehen, sich unter folgende
Klassen bringen lassen: Liebe zum Leben, Em-
pfindlichkeit gegen Beleidigungen, Liebe des andern Geschlechts und der übrigen sinnlichen Vergnügungen, Begierde nach den Bequemlichkeiten
des Lebens, Nacheifrung oder Liebe der Ehre
und des Beyfalls, Unthätigkeit oder Liebe zur
Gemächlichkeit und Ruhe. Aus diesen Trieben,
die sich alle auf das individuelle System der Kreatur beziehen, besteht der Eigennuß und die Eigenliebe.

Wenn diese Neigungen gemäßigt sind und in
gewissen Schranken gehalten werden, so sind sie
an und für sich der bürgerlichen Gesellschaft nicht
nachtheilig, noch der moralischen Tugend entge-

D 3

gen. Sie werden aber fehlerhaft, wenn man
sie übertreibt. Das Leben mehr schätzen, als es
werth ist, heißt feig seyn; eine Beleidigung zu
hoch aufnehmen, heißt rachsüchtig seyn; das andre Geschlecht und die übrigen sinnlichen Ergötzungen zu heftig lieben, heißt wollüstig seyn;
dem Reichthume zu gierig nachtrachten, heißt
geitzig seyn; sich blindlings dem Ruhme und der
Ehre aufopfern, heißt ehrgeitzig und eitel seyn;
über der Gemächlichkeit in Trägheit fallen, und
sich der Ruhe ohne Einschränkung ergeben, heißt
faul seyn. Bis auf diesen Grad getrieben, werden die Privatleidenschaften nicht allein dem allgemeinen Besten schädlich, sondern auch für die
Kreatur selbst verderblich; wie man sich überzeugen kann, wenn man jede einzeln durchgeht.

Könnte irgend eine Privatleidenschaft den allgemeinen Trieben das Gegengewicht halten, ohne der besondern Glückseligkeit der Kreatur Schaden zu thun, so müßte es doch wohl unstreitig
die Liebe zum Leben seyn. Wer sollte es aber
glauben, daß es gerade diese Leidenschaft ist, die,
wenn sie übertrieben wird, die größten Unordnungen stiftet, und der Glückseligkeit den meisten
Abbruch thut!

Daß das Leben zuweilen ein Unglück sey,
wird allgemein eingeräumt. Wenn eine Krea-

tur so weit gebracht ist, daß sie aufrichtig den
Tod wünscht, so heißt es hart mit ihr verfahren, wenn man ihr zu leben gebietet. Bietet sich
unter solchen Umständen eine anständige Gelegenheit zum Tode an, so kann man sie ohne Bedenken ergreifen; obgleich Religion und Vernunft den Arm zurückhalten, und es nicht erlau-
ben, dem Unglück mit dem Leben zugleich ein Ende zu machen. Unter solchen Umständen freuen
sich Verwandte und Freunde mit Recht über den
Tod einer Person, die ihnen theuer war; wenn
gleich diese vielleicht die Schwachheit gehabt hat,
sich der Gefahr zu entziehen, und ihr Unglück,
so viel sie nur konnte, zu verlängern.

Da die Nothwendigkeit zu leben zuweilen ein
Unglück ist, da die Schwachheiten des Alters
insgemein das Leben zur Last machen, da es
gleichwohl in jedem Alter ein Gut ist, das die
Kreatur nur gar zu leicht allzuhoch schätzt, und
um einen viel höhern Preiß, als es werth ist, zu
erhalten sucht: so ist offenbar, daß die Liebe zum
Leben, oder der Abscheu vor dem Tode, die Kreatur von ihrem wahren Vortheil entfernen, und sie
durch die Uebertreibung nöthigen kann, die grau-
samste Feindinn ihrer selbst zu werden.

Wenn man aber auch zugäbe, daß es der
Vortheil der Kreatur erfodre, ihr Leben unter al-

len Umſtänden und um jeden Preiß zu erhalten;
ſo könnte man doch noch behaupten, daß ein gar
zu heftiger Grad dieſer Leidenſchaft der Glückſeligkeit nachtheilig wäre. Die Uebertreibung iſt
im Stande dieſe Leidenſchaft von ihrem Zweck
zu entfernen und ſie unwirkſam zu machen; eine
Sache, die faſt keines Beweiſes bedarf. Denn
was iſt gewöhnlicher, als daß man ſelbſt durch
das Schrecken der Gefahr entgegengeführt
wird, der man ausweichen wollte? Was kann
derjenige zu ſeiner Vertheidigung und Rettung
thun, der alle Ueberlegung verloren hat? Nichts
iſt aber gewiſſer, als daß die übertriebne Furcht alle Gegenwart des Geiſtes aufhebt. In wichtigen
und gefährlichen Vorfällen kann nur Muth und
Standhaftigkeit retten. Der Tapfre entrinnt
der Gefahr, die er gewahr wird; aber der Fei-
ge rennt ſinn- und wehrlos auf den Abgrund zu,
den ihm ſeine Verwirrung nicht ſehen läßt, und
ſtürzt ſich mit verhängtem Zügel in ein Unglück,
das vielleicht ihn ſonſt gar nicht betroffen hätte.

. Wenn die Folgen dieſer Leidenſchaft auch
nicht ſo ſchädlich wären, wie wir ſie beſchrieben
haben: ſo müßte man ſie doch ſchon deswegen
ſchädlich nennen, weil es ein Unglück iſt, feig zu
ſeyn; weil ſich nichts trauriger denken läßt, als
unaufhörlich von der Furcht und von ſo ſchreck-

haften Vorstellungen, wie die, die sich vor dem
Tode fürchten, geplagt zu werden. Denn nicht
blos bey wirklichen oder anscheinenden Gefahren
lebt diese Furcht auf: wenn sie einmal die herrschende Gemüthsart geworden, so verfolgt sie
uns alle Augenblicke; wir zittern selbst in der
sichersten Einsamkeit, und fahren ängstlich auch
in der ruhigsten Stille auf. Sie verwandelt alles in Schreckbilder; jeder Gegenstand wird in
ihren Augen zu einem Ungeheuer; in den glück-
lichsten Augenblicken, wo andre am ruhigsten sind,
bey den unnatürlichsten Gelegenheiten zeigt sie
sich wirksam; es giebt keine so wohl ausgesonne-
ne Ergötzlichkeit, keine so angenehme Gesellschaft,
keinen so wollüstigen Augenblick, den sie nicht un-
terbrechen, stören, vergiften könnte. Kurz, wenn
man die Glückseligkeit nicht nach dem Besitz aller der Vortheile berechnet, die sie verschaffen
können, wenn man sie nach der innern Zufriedenheit des Herzens schätzt; so kann man behaupten, daß nichts so unglücklich macht, als Feig-
heit und Furchtsamkeit. Setzt man aber zu allen diesen traurigen Folgen noch die kleinen und
oftmals niederträchtigen Handlungen hinzu, die
eine übertriebne Liebe zum Leben veranlaßt;
bringt man alle die Handlungen in Rechnung,
deren man sich nie anders als mit Verdruß er-

innert, wenn man ſie begangen hat, und die man,
wenn man feig iſt, nie zu begehn ermangelt; er‐
wägt man die traurige Nothwendigkeit, ſtets
außer ſeiner natürlichen Lage zu ſeyn, und aus
einer Angſt in die andre zu fallen: ſo wird wohl
keine ſo elende Kreatur ſeyn, die um dieſen Preiß
würde leben wollen. Und was könnte ſie auch
darinn für Vergnügungen finden, nachdem Tu‐
gend, Ehre, Ruhe, und kurz alles dahin wäre,
was die Glückſeligkeit des Lebens ausmacht?

Eine übertriebne Liebe zum Leben läuft alſo
dem wahren Vortheil und der Glückſeligkeit der
Kreatur entgegen.

Der Zorn iſt eine von der Furcht ganz verſchied‐
ne Leidenſchaft, die aber, in einem gemäßigten
Grade, zu unſrer Sicherheit nicht minder noth‐
wendig, zu unſrer Erhaltung nicht minder nütz‐
lich iſt. Die Furcht treibt uns an die Gefahr
zu fliehen; der Zorn rüſtet uns gegen ſie, und reizt
uns eine gegenwärtige Beleidigung zurückzutrei‐
ben, oder befürchteten Gewalthätigkeit zuvorzu‐
kommen. Zwar ſind in einem tugendhaften Cha‐
rakter, bey einer vollkommen Oekonomie der Nei‐
gungen, die Regungen der Furcht und des Zorns
zu ſchwach, um Leidenſchaften zu werden. Der
Tapfre iſt vorſichtig, ohne ſich zu fürchten, und

der Sanftmüthige widerstrebt oder straft, ohne
zu zürnen. Aber bey gewöhnlichen Gemüthern
können sich Klugheit und Muth mit einem kleinen Antheile von Zorn und Furcht vermischen,
ohne das Gleichgewicht der Neigungen aufzuhe-
ben. In diesem Verstand kann man den Zorn
als eine nothwendige Leidenschaft betrachten.
Durch die äußern Symptome, womit die ersten
Bewegungen desselben begleitet sind, wird der
Beleidiger in Schrecken gejagt, und giebt seinen
bösen Vorsatz auf, da er die Strafe desselben vor-
hersieht. Der Zorn empört die beleidigte Kreatur, und reitzt sie zur Wiedervergeltung. Je nä-
her er der Wut und der Verzweiflung kommt, desto schrecklicher ist er. In diesem äußersten Grade flößt er eine Stärke und eine Unerschrocken-
heit ein, deren man sich selbst nicht fähig geglaubt
hätte. Ob es aber gleich der Hauptzweck dieser
Leidenschaft ist, den andern zu bestrafen und zu be-
schädigen; so geht sie doch auch auf das besondre
Interesse der Kreatur und sogar auf das allgemeine Beste ihrer Gattung. Dem ohngeachtet
darf wohl nicht erst gezeigt werden, wie verderblich für die Kreatur dasjenige ist, was man gemeiniglich unter dem Zorn versteht; man mag
nun damit die wütende Bewegung bezeichnen,
welche die Kreatur außer sich setzt, oder den tie-

ſen Eindruck, der nach der Beleidigung zurück
bleibt, und immer mit Rachgierde verbunden iſt.

Man wird ſich über die ſchrecklichen Folgen
des Zorns nicht wundern, wenn man ſich vor-
ſtellt, daß man ſich durch die Befriedigung dieſer
grauſamen Leidenſchaft von einer heftigen Marter befreit, von einer drückenden Laſt entlebigt,
und ein ſchmerzliches Gefühl von Elend ſtillt.
Der Rachgierige ſucht alle ſeine Schmerzen in
dem Unglück des andern zu erſäufen, und verſpricht ſich von der Befriedigung ſeiner Begierde
einen Strom von Wolluſt. Aber worinnen beſteht ſie denn dieſe Wolluſt? Es iſt die erſte Vier-
telſtunde eines Miſſethäters, der von der Folter
kommt; es iſt eine plötzliche Pauſe ſeiner Martern,
eine Friſt, die er durch die Nachſicht ſeiner Rich-
ter oder vielmehr durch die Müdigkeit ſeiner Henker erhält. Jene Verkehrtheit, jene raffinirte Unmenſchlichkeit, jene eigenſinnige Grauſamkeit, die
man bey mancher Art von Rache bemerkt, iſt
nichts anders, als das unaufhörliche Beſtreben
eines Elenden, der ſich vom Rad loszureißen
ſucht; eine beſtändige Stillung einer immer wie-
derkehrenden Wuth.

Es giebt Geſchöpfe, in denen dieſe Leidenſchaft nur ſchwer entbrennt, aber wann ſie einmal entbrannt iſt, eben ſo ſchwer, ja noch ſchwe-

rer auszulöschen ist. Bey solchen Kreaturen ist
die Rachsucht eine schlafende Furie, die aber,
wenn sie einmal erwacht ist, nicht eher ruhig wird,
bis sie befriedigt ist; alsdann ist ihr Schlummer
desto tiefer, ihre Ruhe scheint desto süsser, je
größer die Marter war, von der sie sich befreit,
je drückender die Last, deren sie sich entschüttet
hat. Wenn in der Sprache der Galanterie der
Besitz des geliebten Gegenstandes mit Recht das
Ende von den Schmerzen des Verliebten heißt:
so paßt diese Redensart noch weit mehr auf den
Rachgierigen. Die Schmerzen der Liebe sind angenehm und reizend; aber die Schmerzen der
Rachsucht nicht anders als grausam. Man kann
sich diesen Zustand nicht anders, als wie ein vollkommnes Elend, wie eine bittre Empfindung
vorstellen, die von keiner Süßigkeit gemildert
wird.

Was den Einfluß dieser Leidenschaft auf Seele und Leib, und ihre traurigen Folgen in den
mancherley Umständen des Lebens anbetrift; so
würde uns die einzelne Betrachtung derselben zu
weit führen. Ueberdem haben sich unsre Priester
dieser Materie, als zur Religion gehörig, bemächtigt, und unsre heiligen Redner lassen schon so
lange Kanzel und Tempel davon erschallen, daß
wir lieber, um keinen Eingriff in ihre Rechte zu

thun, und den Ueberdruß der Menschen noch zu
vermehren, nichts weiter davon sagen wollen.
Auch beweißt schon das Gesagte hinlänglich, daß
man sich unglücklich macht, wenn man sich dem
Zorne ergiebt, und daß diese Gemüthsbewegung,
wenn sie zur Fertigkeit wird, eine von den Krankheiten des Herzens ist, welche das Unglück der
Kreatur unvermeidlich nach sich ziehn.

Wir wollen auf die Wollust und auf das, was
man Vergnügungen nennt, übergehen. Wenn
es eben so wahr wäre, wie wir bewiesen haben,
daß es falsch sey, daß der beste Theil der Freuden dieses Lebens in der Befriedigung der Sinne
bestünde; wenn ferner diese Befriedigung von
äußern Gegenständen abhienge, die durch sich
selbst, und zu jeder Zeit, ihrer Menge und ihrem
Werthe gemäße Ergötzungen verschaffen könnten:
so wäre es ein untrügliches Mittel zur Glückseligkeit, wenn man sich mit solchen köstlichen Dingen, welche nothwendig glücklich machen, reichlich versorgte. Aber man dehne den Begriff eines angenehmen Lebens noch so weit aus: so
wird doch alles, was der größte Ueberfluß nur
verschaffen kann, nie ein gleichförmiges und beständiges Glück gewähren. So leicht man auch
die Ergötzungen mag vervielfältigen, so gut man
auch alles mag anschaffen können, was die Sin-

ne nur immer verlangen: so sind dieß doch eben
so viel weggeworfne Güter, wenn ein Fehler in
den innern Kräften, wenn ein Mangel in den
natürlichen Neigungen den Genuß derselben verdirbt.

Man bemerkt, daß diejenigen, die sich durch
Unmäßigkeit und Schwelgerey den Magen verdorben, darum nicht weniger Appetit haben; aber
das ist ein falscher, ein unnatürlicher Appetit;
eben so wie der Durst eines Trunknen oder Fie-
berkranken. Indessen ist die Befriedigung des
natürlichen Appetits, mit einem Wort, die Stillung des Hungers und Durstes etwas, das allen
Wohlgeschmack der überflüßigen Gerichte unsrer
gelehrtesten Petrone, unsrer feinsten Wollüstlinge
weit übertrift. Sie selbst erfahren zuweilen diesen Unterschied, wenn irgend ein besondrer Um-
stand sie einmal zur Mäßigkeit und zur Erwartung des Hungers nöthigt, dem sie sonst immer
zuvorzukommen pflegen. Sie finden etwan
auf der Reise nur ein schlechtes Abendessen, oder
auf der Jagd nur ein ganz gemeines Frühstück;
allein Bewegung und Hunger machen, daß sie
mit großem Appetit essen, und nach geendigter
Mahlzeit gestehen sie selbst, daß ihnen nie eine
noch so gut besetzte Tafel so viel Vergnügen gemacht habe.

Auf der andern Seite ist es nichts Außeror-
dentliches, Leute, die eines arbeitsamen und be-
schwerlichen Lebens, eines einfältigen und mäßigen Tisches gewohnt waren, wenn sie nachher
mitten im Reichthum und Ueberfluß leben, über
Mangel des Appetits und der Gesundheit klagen
zu hören, die sie in ihrem vorigen Zustande ge-
nossen hatten. Es ist ausgemacht, daß, wenn
man der Natur Gewalt anthut, wenn man den
Appetit zwingt, und die Sinne unaufhörlich
reizt, die feine Empfindung der Organe verloren
geht; alsdann haben auch die ausgesuchtesten
Speisen keinen Reiz mehr, und die Gewohnheit
nimmt endlich bald diesen Dingen vollends ihre
ganze Vortreflichkeit. Was entsteht aber daraus? Daß ihre Entbehrung immer peinlicher,
und ihr Besitz immer weniger angenehm wird.
Der Ueberdruß, diese unangenehmste aller Empfindung, verläßt die Unmäßigen nie; eine be-
täubende Ueberfüllung und eine stumpf gewordne
Sinnlichkeit verbreiten Bitterkeit und Ekel über
alles, was man ihnen darreicht. Statt der ewigen Ergötzungen, die sie von ihrem Aufwande
erwarteten, ärnten sie also nichts, als Schwachheiten, Krankheiten, Unempfindlichkeit der Organe und Untüchtigkeit zu Vergnügungen ein.
So falsch ist es, daß epikurisch Leben so viel

sey, als seine Tage genießen, und sein Leben benutzen.

Es ist unnöthig, über die unangenehmen Folgen der Verschwendung weitläuftiger zu seyn; schon das Gesagte läßt hinlänglich auf ihre Verderblichkeit schließen. Sie muß den Körper siech und den Geist blödsinnig machen.

Was das besondre Interesse der Kreatur betrifft, so ist es offenbar, daß eine uneingeschränkte Befriedigung der Begierden sie, durch Vervielfältigung ihrer Bedürfnisse, in eine größre Abhänglichkeit setzen muß; daß sie bald ihre Einkünfte, wie ansehnlich sie auch seyn mögen, zu dem erfoderlichen Aufwande unzureichend finden, und um nur ihr Vermögen zu vermehren, tausenderley schändliche und ungerechte Mittel wird ergreifen müssen, wodurch Ehre und Gewissen befleckt wird. Doch wozu bemühe ich mich die nachtheiligen Folgen einer solchen Lebensart weitläuftig zu beweisen? Der Wollüstige mag sich selbst darüber erklären *)! Selbst indem er dem Strome folgt, der ihn mit unwiderstehlicher Gewalt hinreißt, gesteht er, daß er sein offenbares

---

*) Nam verae voces tum demum pectore ab imo eliciuntur. —

LVCRETIVS.

Erster Theil. P

Verderben vor Augen ſehe. Täglich hat man Gelegenheit dergleichen Reden zu hören. Ich habe
alſo genug geſagt, um zu beweiſen, daß die Wolluſt, die Verſchwendung, und alle Arten von
Ausſchweifungen dem wahren Intereſſe und der
irrdiſchen Glückſeligkeit der Kreatur entgegen-
ſtehen.

Es giebt eine Wolluſt von einem weit höhern
Range, als die, wovon wir bisher geredet haben,
Sie zielt auf die Erhaltung der Gattung, und
kann eigentlich nicht als eine eigennützige Leidenſchaft behandelt werden. Sie wird von Liebe
und Zärtlichkeit, gleich allen andern geſellſchaftlichen Neigungen, beſeelt, und vereinigt mit den
Vergnügungen des Geiſtes, die ſie eben ſo gut,
wie jene, verſchafft, noch die Entzückung der Sinne. So groß iſt die Sorgfalt der Natur für die
Erhaltung jeder Klaſſe von Geſchöpfen, daß ſie
durch eine Art von thieriſchem Bedürfniß, durch
ein gewiſſes innres Gefühl von Unbehaglichkeit,
welches ſie in allen Kreaturen jeder Klaſſe gelegt
hat, beide Geſchlechter einander nähert und zur
gemeinſchaftlichen Fortpflanzung ihrer Gattung
antreibt. Iſt es aber für die Kreatur vortheilhaft, dieſes Bedürfniß in einem heftigen Grade
zu empfinden? Das iſt der Punkt, den wir hier
auszumachen haben.

Wir haben so wohl über die natürlichen Triebe, als über die unnatürlichen Begierden genug
gesagt, um diesen Punkt mit gutem Gewissen übergehen zu können. Wenn man zugiebt, daß es
bey der Verfolgung jedes andern Vergnügens
einen Grad von Hitze giebt, den man nicht über-
schreiten kann, ohne den Genuß des Vergnügens selbst zu stören, und folglich seinem wahren
Vortheile zu schaden: durch welchen sonderbaren Fall sollte nur dieß Vergnügen vom allgemeinen Gesetze ausgenommen seyn, und keine
Schranken kennen? Wir kennen andre heftige
Empfindungen, die in einem gewissen Grade
immer angenehm sind, deren Uebertreibung aber
eine unerträgliche Pein wird. So ist das Lachen,
das vom Kitzeln entsteht, eine Bewegung, die,
so fröhlich sie auch scheint, dennoch eine wahre
Marter ist. Eben so verhält es sich mit der
Wollust, wovon wir reden. Es giebt Naturen,
die ganz aus Salpeter und Schwefel zusammen-
gesetzt scheinen, deren stete Gährung und Hitze durch
die vielfältigen und anhaltenden Bewegungen, welche sie im Körper hervorbringen, eine eigne Krankheit ausmachen, die auch bey den Aerzten ihren
besondern Namen hat. Wenn sich auch einige
grobe Wollüstlinge in diesem Zustande gefallen
und glücklich schätzen sollten: so zweifle ich doch,

ob feinere Seelen, ob die, die aus dem Vergnügen ihr höchstes Gut und ihr vornehmstes Studium machen, mit ihnen hierinnen einig seyn
möchten.

Wenn es aber bey jeder wollüstigen Empfindung einen Punkt giebt, wo das Vergnügen aufhört und die Wuth anfängt; wenn die Leidenschaft ihre Gränzen hat, über die sie nicht hin-
ausgehen kann, ohne dem Interesse der Kreatur
zu schaden: wie soll man diese Gränzen bestimmen? diesen Punkt festsetzen? „Durch die Beob-
„achtung der Natur, dieser einzigen Regel aller
„Dinge.“ — Aber wo soll man denn die Natur
suchen? — „Wo? In dem ursprünglichen Zu-
„stande der Kreaturen; unter Menschen, deren
„Neigungen noch durch keine verderbte Erziehung
„zerrüttet worden.“

Wer das Glück gehabt hat, von Jugend auf
zu einer natürlichen Lebensart gewöhnt, zur Mäs-
sigkeit und Arbeit angeführt, und vor Ausschweifungen bewahrt worden zu seyn, der übt über seine
Begierden in diesem Stücke eine unumschränkte
Herrschaft aus, ohne deswegen des Vergnügens,
das sie verschaffen können, unfähig zu werden.
Vielmehr, da solche Personen gesund und lebhaft
sind, da sie eine Kraft und eine Thätigkeit haben,
die ihnen nicht durch Unmäßigkeit und Misbrauch

geraubt worden, so iſt das Vergnügen, das ſie daher genießen, nur deſto größer. Geſetzt alſo, man nähme in zwey Kreaturen keine andre Verſchiedenheit der Organe und der ſinnlichen Empfindungen an, als diejenige, die eine unmäßige oder mäßige Lebensart bey ihnen erzeugt haben muß, und es wäre möglich, aus Erfahrung die Summe der Vergnügungen auf beiden Seiten zu vergleichen; ſo zweifle ich nicht, daß man, auch ohne Rückſicht auf die Folgen, wenn man nur die bloße Befriedigung der Sinne in Rechnung brächte, den Ausſpruch zum Vortheil der Mäßigen und Tugendhaften würde thun müſſen.

Ohne uns bey den tödtlichen Folgen aufzuhalten, welche dieſe Raſerey für die Stärke und Geſundheit des ganzen Körpers hat, ſo iſt der Schaden, dem ſie der Seele thut, noch viel größer, ob man ihn gleich weniger zu fürchten pflegt. Eine Gleichgültigkeit gegen alle Verbeßrung, eine elende Verſchwendung der Zeit, Unthätigkeit, Weichlichkeit, Müßiggang, und ein Aufruhr von ſo viel andern Leidenſchaften, daß der entnervte und betäubte Geiſt weder Kraft noch Muth hat ſie zu bändigen — das ſind die offenbaren Wirkungen dieſer Ausſchweifung.

Der Nachtheil, den dieſe Art von Unmäßigkeit der Geſellſchaft bringt, und der Nutzen, den

die Welt durch die entgegengesetzte Mäßigkeit
gewinnt, sind nicht minder sichtlich. Unter allen
Leidenschaften übt keine eine strengere Tyranney
über ihre Sklaven aus, als diese. Sie bleibt
ewig unbefriedigt, und verlangt nur immer noch
mehr, je mehr man ihr schon gegeben hat. Die
natürliche Sittsamkeit und Schaam, die Ehre
und die Treue sind ihre ersten Opfer. Es giebt
keine unordentliche Neigung, deren ungestümer
Eigensinn so viel Stürme erregte und die Kreatur so geradezu in ihr Unglück triebe.

Was diejenige Leidenschaft betrift, die insbesondre den Namen einer eigennützigen verdient,
weil sie den Besitz der Reichthümer, die Gunst
des Glücks, und, was man in der Welt Vermögen nennt, zur Absicht hat, so muß sie keine un-
ruhige Begierde erregen, wenn sie der bürgerlichen Gesellschaft vortheilhaft seyn, wenn sie mit
der Tugend bestehn soll. Die Emsigkeit, welche
den Flor der Familien und die Macht des
Staats ausmacht, ist eine Tochter des Eigennutzes. Ist aber der Eigennutz in einer Kreatur
herrschend, so leidet ihr besondres Glück eben so
sehr, als die öffentliche Wohlfarth darunter.
Das Elend, das sie selbst nagt, rächt ohne Unterlaß den Schaden, den sie der Gesellschaft gethan hat: denn der Geizige wird selbst das

Opfer seines Geizes; er ist noch grausamer gegen sich, als er gegen das menschliche Geschlecht ist.

Jedermann gesteht, daß Geiz und Habsucht die Kreatur selbst unglücklich machen. Ueberdem weiß man, daß zum täglichen Unterhalte so wenig erfodert wird, und daß die Anzahl der Bedürfnisse nur sehr geringe seyn würde, wenn man sie durch Sparsamkeit einschränkte, wenn man nur mit der Hälfte des Fleißes, der Sorgfalt und der Geschicklichkeit, die man der Wollust und der Verschwendung widmet, sich einer mäßigen, nüchternen, und überhaupt einer natürlichen Lebensart befliße. Ist aber die Enthaltsamkeit vortheilhaft, trägt die Mäßigung zur Glückseligkeit bey, sind ihre Früchte angenehm, wie wir oben bewiesen haben: welches Elend müssen nicht die entgegengesetzten Leidenschaften nach sich ziehn! Welche Marter muß nicht eine Kreatur empfinden, die von Begierden genagt wird, welche, weder ihrem Wesen, noch der Natur ihres Gegenstandes nach, einige Schranken kennen! Denn wo soll sie stehn bleiben? Giebt es unter der ganzen unendlichen Menge von Dingen, welche die Begierde beschäftigen können, irgend eines, wohin keine Bemühung reichen, bis zu dem kein Wunsch sich erstrecken könnte? Was soll der Sucht, Schätze zu sammeln, der Wuth, Einkünfte

P 4

auf Einkünfte, Reichthümer auf Reichthümer zu
häufen, Gränzen ſetzen?

Hieraus entſteht bey den Geizigen ihre immer unbefriedigte Unruhe. Ihre Schätze machen ſie nie reicher, aber ihre Begierden immer
ärmer; ſie finden keine Beruhigung in dem, was
ſie beſitzen, und verſchmachten über ihrem beſtändigen Hinſtarren nach dem, was ihnen mangelt.
Welches wahre Vergnügen könnte wohl aus einer ſo unordentlichen Begierde entſpringen?
Vom Durſt nach Ehrenſtellen oder Reichthümern verzehrt werden, heißt wohl nimmermehr,
ſie genießen. Doch wir wollen nichts mehr von
einem Laſter ſagen, das ſo durchgängig verhaßt
iſt. Geizig und elend ſeyn, ſind bey allen Menſchen gleichbedeutende Wörter.

Was die Leidenſchaft des Ehrgeizes betrift,
ſo erſchallt die ganze Welt von den Unordnungen,
die ſie anrichtet. In der That, wenn die Liebe
zum Lobe weiter, als bis zu einer rühmlichen
Nacheiferung geht; wenn dieſer Enthuſias-
mus ſogar die Gränzen der Eitelkeit über-
ſchreitet; wenn die Begierde, ſich unter ſeines
Gleichen hervorzuthun, in einem übertriebnen
Stolz ausartet: ſo giebt es kein Uebel, das dieſe Leidenſchaft nicht hervorbringen könnte. Betrachten wir die Vorzüge der beſcheidnen Cha-

raktere und der ruhigen Seelen; erwägen wir
das Glück und die Sicherheit, die denjenigem
stets begleiten, der sich auf seinen Zustand einzu-
schränken, sich mit dem Rang, den er in der Gesellschaft hat, zu begnügen, und sich in alle seinem Stande anklebende Beschwerlichkeiten zu
finden weiß: so kann uns nichts vernünftiger
oder vortheilhafter scheinen, als solche Gesinnungen. Ich könnte hier eine Lobrede der Mäßigung anbringen, und ihre Vortreflichkeit eben
dadurch beweisen, daß ich die Unordnungen und
die Plagen des Ehrgeizes entwickelte, das Lächerliche und Leere der Sucht nach Titeln, Ehren-
stellen, Rang, Ruhm, Ansehn, Hochachtung des
Pöbels, Lobeserhebungen des Volks, nach allem,
was man persönliche Vorzüge nennt, schil-
derte: aber das würde eine so gewöhnliche De-
klamation werden, und allenfalls kann sie jeder
aus unsern obigen Betrachtungen selbst machen.

Unmöglich kann die Begierde nach großem
Ansehn sich in der Seele erheben, Macht bekommen, und die Kreatur beherrschen, ohne daß sie
zu gleicher Zeit von einem verhältnißmäßigen Abscheu gegen einen mittelmäßigen Zustand eingenommen werde. Eben dadurch wird sie nun dem
Argwohn und der Eifersucht zum Raube, sie wird
einer beständigen Furcht vor Hindernissen und

P 5

Unfällen unterworfeu, muß ohne Unterlaß den
Eigenſinn des Glücks fürchten, und ſich alles
Kränkende abſchläglicher Antworten gefallen laß
ſen. Die unordentliche Begierde nach Ruhm,
nach großem Anſehn, nach glänzenden Ehrenpö-
ſten vernichtet alſo alle Ruhe und Sicherheit auf
die Zukunft, und alle gegenwärtige Zufriedenheit
und Gemächlichkeit.

Den unruhigen Bewegungen des Ehrgeizi-
gen ſetzt man insgemein die träge Unempfindlichkeit entgegen; dennoch ſchließt ein ſolcher
Charakter Geiz und Ehrſucht nicht völlig aus;
nur daß ſich beide nicht in ſichtbaren Wirkungen
äußern. Dieſe moraliſche Lethargie iſt eine unmäßige Liebe zur Ruhe, welche der Seele allen
Muth benimmt, den Geiſt einſchläfert, und die
Kreatur zu allen Bemühungen unfähig macht,
indem ſie in ihren Augen die Schwierigkeiten
vergrößert, womit der Weg nach Reichthümern
und Ehrenſtellen beſät iſt. Der Hang zu Ruhe
und Gemächlichkeit iſt nicht minder natürlich,
nicht minder nützlich, als die Luſt zu ſchlafen: aber
eine beſtändige Schlafſucht könnte dem Körper
nicht verderblicher ſeyn, als ein allgemeiner Abſcheu
gegen alle Geſchäfte dem Geiſte iſt.

Daß die Bewegung zur Geſundheit nothwendig ſey, kann man aus den ganz verſchiednen

körperlichem Zustande zweyer Menschen abnehmen, deren einer zu Leibesübungen gewöhnt ist;
der andre aber nicht; oder aus der männlichen
und festen Constitution eines durch Arbeiten ab-
gehärteten Körpers, und der weibischen Weichlichkeit jener lebendigen Maschinen, die sich auf
den Federbetten mästen. Doch der Müßiggang
schränkt seinen Einfluß nicht blos auf den Körper ein; indem er die Organen verdirbt, tödtet
er die sinnlichen Vergnügungen; von den Sinnen verbreitet sich das Verderben auf den Geist,
und hier richtet er noch eine viel größere Verheerung an. Der Körper erfährt nach einiger Zeit
merkliche Wirkungen des Müßigganges; aber die
Seele wird von der Unthätigkeit, sobald sie sich
nur einschleicht, niedergeschlagen; Aengstlichkeit,
Unmuth, Langeweile, Ermattung, Ueberdruß, böse
Laune bemächtigen sich ihrer, und verderben in
der Folge mit der Gemüthsart zugleich den Körper; das Elende dieses Zustandes haben wir
schon bey Gelegenheit des Beweises gezeigt, daß
eine gute Oekonomie der Neigungen zur Glückseligkeit nothwendig wäre.

Wir haben bemerkt, daß bey der Unthätigkeit des Körpers die Lebensgeister, da sie von ihren natürlichen Verrichtungen zurückgehalten
werden, ihre Kräfte gegen die Maschine selbst

richten und die Kanäle derſelben zerſtören. Ein
getreues Bild von dem, was in der Seele des
Müßiggängers vorgeht. Neigungen und Gedanken werden von ihren Gegenſtänden abgeleitet,
und in ihrer Thätigkeit gehemmt; ſie gerathen
alſo in innere Gährung, und erfüllen das Gemüth mit Verdruß, Melancholie, Unzufriedenheit,
und hundert andern verderblichen Empfindungen.
Dann verduftet das Pflegma, die Kreatur wird reiz-
bar, auffahrend, zornig; ſie iſt ſchon immer ſo
vorbereitet zum Unwillen, daß jeder geringe Funke genug iſt, ſie in Flammen zu ſetzen.

Für das beſondre Intereſſe der Kreatur muß
dieſe Gemüthsart ausnehmend ſchädlich ſeyn.
Von Gegenſtänden und Angelegenheiten umgeben ſeyn, welche Aufmerkſamkeit und Sorgfalt
erfodern, und ſich zu ihrer Beſorgung unfähig
fühlen: welch ein Zuſtand iſt das! Welche Menge von Unbequemlichkeiten muß entſtehn, wenn
man ſich ſelbſt nicht zu helfen weiß, und oft auch
fremder Hülfe entrathen muß! Dieß iſt aber der
Fall des Unthätigen, der niemals jemandes
Gunſt geſucht, und dem doch andre Leute deſto un-
entbehrlicher ſind, je unnützer er ſich ſelbſt bey
der Unwiſſenheit in allen geſellſchaftlichen Pflichten iſt, worinn ihn ſein Laſter erhalten hat. Man
ſieht alſo, daß unſre Faullenzer von Profeßion,

unsre vornehmen Müßigänger, die sogar die Ar=
beit für Schande halten, und der Welt aus
Grundsätzen unnütz sind, in sich selbst eine uner=
schöpfliche Quelle von Verdruß und ¦mithin
ein mächtiges Hinderniß ihrer Glückseligkeit ver=
schließen.

Wir sind die eigennützigen Neigungen durch=
gegangen, und haben die nachtheiligen Folgen
ihre Heftigkeit gezeigt. Wir haben bewiesen, daß
ihr Uebermaß der Glückseligkeit schädlich ist, und
daß sie die Kreatur, die sie verderben, in ein
wahres Elend stürzen. Wir haben dargethan,
daß ihre Herrschaft nie anders, als auf Kosten
unsrer Freiheit zunimmt, und daß sie uns bey
ihren eingeschränkten Absichten in Gefahr setzen,
jene niederträchtigen und schmutzigen Gesinnun=
gen anzunehmen, die so allgemein verabscheut
werden. Nichts ist also an sich selbst und in sei=
nen Folgen trauriger, als ihnen Gehör zu geben,
ihr Sklave zu werden, und sein Gemüth und sein
Betragen ihrer Willkühr zu überlassen.

Ueberdem bringt eine so große Anhänglichkeit
der Kreatur an ihr Privatinteresse eine gewisse
Schlauigkeit im Umgange, und ich weiß nicht
was für ein arglistiges und heuchlerisches Wesen
in Betragen und Handlungen mit sich; und was
wird alsdann aus der natürlichen Aufrichtigkeit

und Redlichkeit? Was wird aus der Offenherzig-
keit, Freimüthigkeit und Billigkeit? Zutrauen und
Treue gehn verloren; Neid, Argwohn, Eifersucht
vermehren sich ins Unendliche; täglich erweitern
sich die Privatabsichten und die Sorge fürs gemeine Wohl wird eingeschränkter; man bricht unvermerkt mit seinen Mitmenschen, entzieht sich
der Gesellschaft, und betrachtet die Bande, die
den Menschen mit ihr verknüpfen, nicht anders,
als mit Verachtung. Man strebt unaufhörlich
jene ungelegne Neigungen, die uns immer von
neuen zum allgemeinen Besten der Gattung und
zu unsern wahren Interesse wieder hintreiben,
zum Stillschweigen zu bringen und auszurotten;
das heißt, man bemüht sich aus allen Kräften, sich
vollkommen unglücklich zu machen.

Aber wenn wir auch die andern schädlichen Folgen übergehen, welche übertriebene eigennützige
Neigungen veranlassen müssen, sobald sie auf die
Vernichtung der allgemeinern Neigungen gerichtet
sind, so zielen sie doch offenbar darauf ab, uns der
Quelle unsrer Vergnügungen zu berauben, und
uns ungeheure und unnatürliche Triebe einzuflös-
sen, die unser Elend vollkommen machen. Wir
werden dieses in dem nun folgenden letzten Ab-
schnitte sehen.

Dritter Abschnitt.

Noch haben wir diejenigen Leidenschaften zu untersuchen übrig, die weder auf das allgemeine Beste, noch das Privatinteresse gerichtet sind, und weder der Gesellschaft noch der Kreatur Vortheil bringen. Wie sehr sie den gesellschaftlichen und natürlichen Neigungen entgegen sind, haben wir schon dadurch angedeutet, daß wir sie überflüßige und unnatürliche Triebe genannt haben.

Von dieser Art ist das grausame Vergnügen, das man beym Anblicke von Hinrichtungen, Foltern, Unglücksfällen, Blut, Mord und Zerstörung findet. Dieß ist die herrschende Leidenschaft vieler Tyrannen und einiger barbarischen Völker gewesen. Menschen, welche jener Feinheit der Sitten und Manieren entsagt haben, welche der Rauhigkeit und Wildheit vorbaut, und uns in einer gewissen Achtung gegen das menschliche Geschlecht erhält, sind ihr immer einigermaßen unterworfen. Sie äußert sich ferner auch da, wo Sanftmuth und Leutseligkeit mangeln. Das ist eben der Vortheil von dem, was man gute Erziehung nennt, daß sie nebst andern Fehlern Unmenschlichkeit und barbarische Vergnügungen verbannt. Gefallen an dem Unglück des Feindes finden, das

ift eine Wirkung des Grolls, des Haffes, der
Furcht, oder fonft einer eigennützigen Leidenfchaft: aber fich an der Noth und den Martern
irgend einer, zu unfrer Gattung oder nicht zu
unfrer Gattung gehörigen, feind - oder freund-
fchaftlichen, bekannten oder unbekannten Kreatur
beluftigen; fich an dem Anblicke ihres Blutes
weiden, und mit Wolluft ihren Todeskampf an-
fehen; ein folches Vergnügen hat nicht das min-
defte Intereffe zum Grunde, und ift daher auch
eine ungeheure, gräßliche, und der Natur ganz
fremde Neigung.

Ein fchwächerer Grad diefer Neigung ift das
boshafte Vergnügen, das man an der Verlegenheit andrer empfindet; eine Art von neckender und
fcherzender Bosheit, die in einem Wohlgefallen
an Unordnung befteht; eine Neigung, die man
bey Kindern aufzumuntern fcheint, und kurzwelli-
gen Muthwillen *) nennt. Wer die Natur diefer Leidenfchaft ein wenig kennt, wird fich über
ihre böfen Folgen nicht wundern; vielmehr würde er fchwer zu erklären wiffen, durch welch ein
Wunder ein Kind, das unter den Händen der
Weiber gewöhnt worden, fich über Unordnung
und Unruhe zu freuen, diefen Gefchmack in rei-

---

*) Hae nugae in feria ducent mala.

HORATIVS.

fern Jahren verlieren, und sich nicht damit beschäftigen könne, den Saamen der Zwietracht in der
Familie auszustreuen, Streit unter seinen Freunden zu stiften, und wohl gar Empörungen im
Staate zu erregen. Aber zum Glück hat diese
Neigung keinen Grund in der Natur, wie wir be-
reits angemerkt haben.

Die Bosheit und Schadenfreude sind unnatürliche Leidenschaften, wenn die Begierde nach
andrer Unglück, die sie einflößen, weder durch
Zorn, noch durch Eifersucht, noch durch irgend einen eigennützigen Bewegungsgrund erregt wird.

Der Neid über die Glückseligkeit einer andern Kreatur, deren Vortheil dem unsrigen nicht
hinderlich ist, ist eine Leidenschaft von derselben
Art.

Man rechne eben dahin auch den Menschen-
haß, eine Art von Widerwillen, der zuweilen einige Menschen beherrscht hat. Sehr mächtig
wirkt er in denen, welchen die üble Laune zur Gewohnheit geworden, und bey denen sich eine
schlechte Erziehung mit einem unglücklichen Temperament vereiniget hat, um ihnen eine solche
Rauhigkeit in den Sitten, eine solche Grobheit
in ihrem Betragen zu geben, daß der Anblick ei-

nes Fremden ſie gleich beleidigt. Das menſchliche Geſchlecht iſt ſolchen Gallſüchtigen zur Laſt;
Haß iſt ſtets ihre erſte Empfindung. Dieſe Ge-
müthskrankheit, iſt zuweilen epidemiſch; man
findet ſie gewöhnlich bey den wilden Völkern,
und ſie iſt eins von den Hauptkennzeichen der
Barbaren. Man kann ſie als das Gegentheil
von jener, von den Alten ausgeübten, und bey
ihnen unter dem Namen der Gaſtfreundſchaft bekannten, edelmüthigen Neigung anſehn; einer
Tugend, die eigentlich nichts anders als eine allgemeine Menſchenliebe war, welche ſich in der
Leutſeligkeit gegen die Fremden äußerte.

Man ſetze zu dieſen Leidenſchaften noch alle
diejenigen hinzu, welche im Aberglauben und in
barbariſchen Gebräuchen ihren Urſprung haben.
Die Handlungen, zu denen ſie antreiben, ſind zu
entſetzlich, als daß ſie nicht das Unglück derer
bewirken ſollten, die ihnen nachhängen.

Ich könnte hier die unnatürlichen Gattungen von Liebe, ſowohl gegen Menſchen als gegen
andre Arten von Geſchöpfen, nebſt der Menge
von Abſcheulichkeiten anführen, welche damit
verbunden ſind. Allein man wird ſchon von
ſelbſt, nach unſern feſtgeſetzten Grundſätzen, darüber urtheilen können, ohne daß ich dieſe Blät-

ter mit so schändlichen Gemälden beschmutzen dürfte.

Außer diesen Leidenschaften, die sich nicht im geringsten auf den Privatvortheil der Kreatur gründen, und die man recht eigentlich unnatürliche nennen kann, giebt es noch einige andre, die zwar auf ihr Interesse zielen, aber es auf eine so unmäßige, auf eine für das menschliche Geschlecht beleidigende, auf eine so allgemein verabscheute Art suchen, daß kaum die vorhergehenden ungeheuer zu seyn scheinen.

Dergleichen ist jener ehrsüchtige Uebermuth, jener tyrannische Trotz, der kein freyes Wesen neben sich leiden kann, und jeden Glücklichen mit einem verdrüßlichen und eifersüchtigen Auge anblickt. Dergleichen ist *) die finstre Wuth, die

*) Im Leben der Kaligula findet man Beyspiele dieser Leidenschaft, die fast die einzigen in ihrer Art sind. Begierig, sein Andenken durch große Unglücksfälle zu verewigen, beneidete er den August um das Glück, daß eine ganze Armee unter seiner Regierung war niedergehauen worden, und den Tiber um den Einsturz des Amphitheaters; wobey funfzigtausend Seelen umkamen. Als es ihm einfiel, bey der Vorstellung eines Schauspiels zur unrechten Zeit einem Schauspieler zuzuklatschen, den

gern die ganze Natur ſich aufopferte, die ſchwar⸗
ze Denkungsart, die in Blut und ausgedachten
Grauſamkeiten ihr Vergnügen findet, die ver⸗
drüßliche Laune, die nur immer Gelegenheit
ſucht, ſich auszulaſſen, und bey jeder kleinen Ver⸗
anlaſſung mit Wuth und Grimm über Gegen⸗
ſtände ausbricht, die oft Mitleid verdienten.

Was den Undank und die Verrätherey be⸗
trift, ſo ſind ſie, eigentlich zu reden, blos negati⸗
ve Laſter, keine beſondern Neigungen, ihre Urſa⸗
che iſt unbeſtimmt, ſie rühren von der Veränder⸗
lichkeit und der Unordnung der Neigungen her.
Sind dieſe Flecken an einem Charakter beſon⸗
ders ſichtlich; brechen dieſe Laſter, wie faule Ge⸗
ſchwüre, von ſelbſt aus; befödert die Kreatur
durch öftre Rückfälle den Fortgang dieſes um
ſich freſſenden Uebels: ſo kann man aus dieſen
Symptomen vermuthen, daß ſie mit irgend einer
unnatürlichen Schärfe, mit Neid, Bosheit, Rach⸗
ſucht und dergleichen behaftet ſey.

Man könnte einwenden, daß dieſe Neigungen
bey aller ihrer Unnatürlichkeit doch nicht ohne

das Volk auspfiff: O, rief er aus, wenn doch alle dieſe
Köpfe nur Einen Hals hätten! — Dieß könnte man das
Erhabne in der Grauſamkeit nennen.

Vergnügen sind, und daß ein Vergnügen, so un-
menschlich es auch sey, doch immer ein Vergnügen bleibe, wenn man es auch in Rache, in Bosheit, ja selbst in Ausübung der Tyranney setzte.
Diese Einwendung ließe sich nicht beantworten,
wenn man nie anders zum Vergnügen gelangen
könnte, als durch Martern, wie dieß der Fall bey
den grausamen und barbarischen Freuden ist.
Allein die Menschen lieben, sie menschlich behandeln, Gefälligkeit, Leutseligkeit, Wohlwollen, und
andre gesellschaftliche Neigungen ausüben, das
heißt ein Vergnügen genießen, das unmittelbar
auf die Handlung folgt, und mit keinem vorhergehenden Schmerz erkauft wird, ein ursprüngli-
ches und reines Vergnügen, vor dem keine Bitterkeit vorhergeht. Hingegen sind Groll, Haß,
Bösartigkeit wahre Martern, deren augenblickli-
ches Aufhören bey der Erfüllung der Begierde
man für ein Vergnügen annimmt. Je süsser dieser Augenblick des nachlassenden Schmerzes ist,
desto grausamer muß der vorhergehende Zustand
gewesen seyn. Je heftiger körperliche Schmerzen
sind, desto mehr freut sich ein Kranker bey der
Zwischenzeit wenn sie nachlassen, und eben eine
solche Zwischenzeit ist die Befriedigung jener Leidenschaften für einen Bösewicht, der bey der

schrecklichen Krankheit seiner Seele keiner andern geistigen Vergnügungen fähig ist.

Die besten Gemüther, die gelassensten Menschen haben ihre verdrüßlichen Augenblicke, wo
eine Kleinigkeit hinlänglich ist sie aufzubringen:
aber sie gestehen einmüthig, daß sie in diesem Zustande sich selbst durch ihre üble Laune unglücklich gemacht haben. Was müssen also nicht jene Unglücklichen leiden, die fast keinen andern
Zustand kennen! Jene Furien, jene teuflischen
Seelen, in welchen Zorn, Verdruß, Wuth, Grausamkeit nie zu kochen aufhören! Zu welchem
Grade von Ungedult muß sie nicht ein unvor-
hergesehner Zufall reizen! Was müssen sie nicht
bey jeder Verrückung ihrer Anschläge, bey jeder Beschimpfung, die sie erfahren, bey ihren
feindseligen Gesinnungen gegen eine Menge
Menschen empfinden, welche tägliche Beleidun-
gen immer noch mehr vervielfältigen müssen!
Darf man sich wohl wundern, daß sie in diesem
gewaltsamen Zustande ihr höchstes Vergnügen
darinnen finden, durch Verheerungen und Zer-
rüttungen die wilden Bewegungen zu dämpfen,
von denen sie gefoltert werden?

Was die Folgen dieses unnatürlichen Zustandes in Rücksicht auf das Wohl der Kreatur und

die gewöhnlichen Angelegenheiten des Lebens anbetrift, so überlasse ich es einem jedem, sich zu
denken, was für eine Figur unter den Menschen
ein Ungeheuer machen muß, das nichts mehr mit
ihnen gemein hat; wie viel Geschmack an der Gesellschaft bey dem übrig bleiben kann, bey dem alle
gesellschaftliche Neigung erloschen ist; was er von
den Gesinnungen andrer gegen sich, bey dem Gefühl von seinen Gesinnungen gegen sie, sich für
Vorstellungen machen wird.

Welche Ruhe und Zufriedenheit ist wohl bey
einem Menschen möglich, der sichs nicht verbergen kann, daß er nicht nur der Liebe und Zuneigung des menschlichen Geschlechts unwürdig ist,
sondern sogar den größten Abscheu desselben verdiene? In welcher Angst vor Gott und vor Menschen muß er nicht sein Leben hinbringen! In
welche Melancholie muß er nicht verfallen! In
eine unheilbare Melancholie; da er keinen
Freund hat, in dessen Gesellschaft er sich zer-
streuen, an dessen Busen er ausruhen könnte.
Wohin er sich nur wendet, wohin er nur seinen
Blick wirft, erscheint ihm alles, was ihm begegnet, was er sieht, was ihn umgiebt, neben über
und unter ihm, unter einer fürchterlichen und
drohenden Gestalt. Von der Kette der We-

ſen getrennt, und allein gegen die ganze Natur,
kann er nicht anders, als ſich vorſtellen, daß alle Kreaturen gegen ihn einen gemeinſchaftlichen
Bund machen, und geneigt ſind, ihn als ihren
gemeinſchaftlichen Feind zu behandeln.

Dieſer Menſch iſt alſo in ſich ſelbſt wie in einer wilden und fürchterlichen Wüſte, wo ſein
Auge nichts als Trümmern erblickt. Wenn es
etwas Hartes iſt, aus ſeinem Vaterlande verbannt, in eine fremde Gegend verwieſen, oder in
eine Einſiedeley verſtoßen zu ſeyn: wie viel här-
ter muß uns noch dieſe innerliche Verbannung,
dieſe Abſonderung von allen andern Weſen dün-
ken! Was muß der nicht leiden, der in ſeinem
Herzen die traurigſte Einöde mit ſich herumträgt,
und mitten in der Geſellſchaft die verlaſſenſte Wüſte findet! Im beſtändigen Krieg mit der ganzen
Welt begriffen ſeyn, in einem unverſöhnlichen
Zwiſt mit der ganzen Natur zu leben: welch ein
Zuſtand!

Daraus folgere ich, daß der Verluſt der natürlichen und geſellſchaftlichen Neigungen ein
ſchreckliches Elend nach ſich zieht *), und daß

---

*) Ich glaube, daß man nie die Geſchichte im Wider-
ſpruch mit dieſem Schluſſe unſrer Philoſophie finden
wird. Laßt uns die Jahrbücher des Tacitus aufſchlagen,

die unnatürlichen Neigungen im höchsten Grade unglücklich machen. Dieß war es, was mir noch zu erweisen übrig war.

diese Denkmäler von der Bosheit der Menschen; laßt uns die Regierungen des Tiberius, Klaudius, Kaligula, Nero, Galba, laßt uns den schnellen Untergang aller ihrer Höflinge betrachten, und, dann, wenn wir unter diesem Haufen ausgezeichneter Bösewichter, die das Eingeweide ihres Vaterlandes zerrissen, und deren Wuth jede Seite, jede Zeile dieser Geschichte mit Blut bezeichnet hat, wenn wir unter diesen allen einen einzigen Glücklichen finden; so laßt uns unsern Grundsätzen entsagen! Laßt uns wählen, welches Schicksal von ihnen allen wir uns wünschen möchten! Beneiden wir etwa das Glück des Tibers wegen seiner Vergnügungen zu Kapred? Laßt uns doch auf den Ursprung seiner Größe zurückgehen, den Faden seines Schicksals verfolgen, ihn in der Einsamkeit betrachten, auf sein Ende Acht geben, und nach dem allen uns selbst fragen: ob wir noch das seyn möchten, was er gewesen ist, ein Tyrann seines Vaterlands, ein Mörder der Seinigen, ein Sklave von einer Schaar schaamloser Weibspersonen, und der Beschützer eines Heers von Sklaven? — Entweder eins oder das andere! Entweder müssen wir, wenn dieser Prinz glücklich war, uns sein ganzes Schicksal gefallen lassen, oder mit seinem Geschichtschreiber urtheilen: „daß, wenn man

Q 5

Beſchluß.

Wir haben alſo in dieſem Theile bewieſen, was wir uns zu beweiſen vorſetzten. Da man

„das Herz der Tyrannen unterſucht, man unheilbare „Wunden darinnen entdeckt, daß der Körper auf der „Folter nicht grauſamer kann zerriſſen werden, als die „Seele des Laſterhaften durch das unaufhörliche nagen-„de Bewußtſeyn ſeiner Verbrechen.‟ Si recludantur ty-ranñorum mentes, poſſe aſpici laniatus et ictus; quan-do, vt corpora vulneribus, ita ſaeuitia, libidine, malis conſultis animus dilaceretur. Dieß iſt noch nicht alles. Durchgeht man die mancherley Klaſſen von Böſewich-tern, welche die moraliſche Kluft vom Seneka zum Ne-ro ausfüllen, ſo bemerkt man noch deutlicher, wie das wirkliche Elend in einem ſteten Verhältniſſe mit dem moraliſchen Verderben ſteht. Ich will nur blos die bei-den äußerſten nehmen. Nero läßt ſeinen Bruder Bri-tannikus, ſeine Mutter Aggrippine, ſeine Gemahlinnen Octavia und Poppäa, ſeine Stiefſchweſter Antonia, den Konſul Veſcinnus, ſeinen Stiefſohn Rufus Kriſpinus, ſeine Lehrer den Seneka und Burrhus ums Leben brin-gen; man ſetze zu dieſen Mordthaten eine Menge andrer Verbrechen von allerley Art; dieß iſt ſein Lebenslauf. Aber man findet in ſeinem ganzen Leben auch keinen glück-lichen Augenblick; man ſieht ihn in ewiger Angſt; ſein

nun, nach den angenommnen Begriffen, nicht
anders verderbt und lasterhaft seyn kann, als:

Entsetzen steigt zuweilen bis zu einer Art von Verrückung; dann sieht er den Schlund des Tänarus unter seinen Füßen offen, glaubt sich von Furien verfolgt, weiß
nicht, wie oder wohin er vor ihren rächerischen Fackeln
entfliehen soll, und alle die ungeheuern kostbaren Feste,
die er veranstaltet, sind nicht sowohl Ergötzungen, als
Zerstreuungen. Seneka, dem sein Amt diesem seinen
Lehrlinge Vorstellungen zu thun und den Tod zu trotzen
gebot, dieser weise Seneka, mehr bemüht, Schätze zu
sammlen, als eine so gefährliche Pflicht zu erfüllen, sucht
den Tyrannen von der Grausamkeit nur dadurch abzu-
lenken, daß er seine Lüste begünstigt. Er willigt durch
ein schändliches Stillschweigen in den Tod einiger rechtschaffnen Bürger, die er hätte vertheidigen sollen. Er
selbst, seinen eignen Fall aus dem Fall seiner Freunde
schon vermuthend, weniger unerschrocken, bey allem seinen Stoicismus, als der epikurische Petron, überdrüßig
dem Gift nur dadurch zu entgehen, daß er von den
Früchten seines Gartens und dem Wasser eines Baches
lebt, thut den elenden Antrag, seine Reichthümer für ein
Leben hinzugeben, das er gar zu gern erhalten hätte, und
das er doch durch sie nicht erkaufen konnte; eine verdiente Strafe für die Mühe, womit er sie gesammelt
hatte. Man wird vielleicht finden, daß ich diesen Phi-

Durch die Abwesenheit oder Schwäche der allgemeinen Neigungen; oder

Durch die Heftigkeit der Privatneigungen; oder

Durch die Gegenwart unnatürlicher Neigungen:

So muß, wenn diese drey Gemüthszustände der Kreatur schädlich und der irrdischen Glückseligkeit zuwider sind, boshaft und verderbt seyn, eben so viel heißen, als unglücklich seyn.

Ferner haben wir bey der Entwickelung der Folgen, welche die Neigungen in einem der Natur und der Einrichtung des Menschen gemäßen Grade hervorbringen, zugleich die wahren Vortheile der Tugend berechnet; wir haben gleichsam durch Addition und Subtraktion alle Umstände geschätzt, die die Summe der Vergnügungen vermehren oder vermindern; und ist uns bey dieser moralischen Berechnung nichts, das sich entweder nicht berechnen ließ, oder worauf wir

sollten ein wenig hart behandle. Aber, nach der Erzählung des Tacitus ist es unmöglich, günstiger von ihm zu denken; und um meine Gedanken mit zwey Worten zu sagen, weder er noch Burrhus sind so rechtschaffne Männer gewesen, als man sie macht. Man lese den Geschichtschreiber! . . . :

nicht Acht hatten, entwischt; so können wir uns
schmeicheln, diesem Versuch alle Evidenz geo=
metrischer Wahrheiten gegeben zu haben. Denn,
wir mögen den Scepticismus auch noch so weit
treiben *); wir mögen sogar das Daseyn aller

*) „Wozu nützt es, könnte vielleicht ein Pyrrhonist sa=
„gen, daß man mir Regeln meines Verhaltens vor=
„schreibt? Man will mich damit für die Zukunft besser
„und glücklicher machen? Sehr wohl! Aber wodurch ist
„man denn von der Succeßion meiner Existenz über=
„zeugt? Woher weiß man denn, daß ich in Zukunft noch
„eben das Ich seyn werde, das ich jetzt bin? Mein je=
„tziges Ich, setzt man voraus, werde immer das nehmli=
„che bleiben; aber das läugne ich Ich, der ich jetzt
„denke, bin ich noch eben das Ich, das vor vier Tagen
„dachte? — Ich erinnere mich meiner; das sehe ich ein.
„Aber wohl hundertmal habe ich mich einer Sache zu er=
„innern geglaubt, an die ich doch niemals gedacht hatte;
„wohl hundertmal habe ich bloße Träume für ausge=
„machte Wahrheiten gehalten: und kann mir das nicht
„auch hier begegnen? — Wo muß ich doch das wohl
„her haben? Wer muß mir doch das wohl gesagt
„haben? Ich glaube wahrhaftig, es hat mir ge=
„träumt: Das sind Redensarten, die ich und andre alle
„Tage im Munde führen. Was habe ich also von mei=
„ner Identität für Gewißheit? — Ich denke; dar=

Weſen außer uns läugnen: ſo werden wir doch
nie an demjenigen zweifeln können, was in unſrer
eignen Seele vorgeht. Unſre Neigungen und
Triebe ſind uns innigſt bekannt; unſre eigne
Empfindung ſagt uns, daß ſie da ſind: die Gegenſtände, womit ſie ſich beſchäfftigen, mögen
nun übrigens eingebildet oder wirklich ſeyn. Die
Beſchaffenheit dieſer Dinge thut zur Richtigkeit
unſrer Schlüſſe nichts. Ihre Gewißheit iſt ſogar von unſerm Zuſtande unabhängig. Wir mögen ſchlafen oder wachen, ſo ſind die Raiſonne-

„um bin ich. Sehr wahr! Aber: Ich habe gedacht;
„darum war ich. Das heißt ja ſchon als ausgemacht
„annehmen, was noch erſt zu beweiſen iſt. Wenn ich
„gedacht habe, ſo war ich; aber daß ich gedacht habe;
„wer beweiſt mir das? Niemand!‟ — Freylich beweiſt
ihm das niemand, aber er handelt doch ſo, als wenn es
völlig bewieſen wäre. Er vergißt doch, ſobald er aus
ſeiner Schule in die Welt tritt, aller dieſer ſceptiſchen
Grübeleyen, und bezahlt heute die Spielſchuld, die das
geſtrige Ich, das er nicht für ſeines erkennen will, verloren hatte. — Ohne ſeinen Grübeleyen mehr zu glauben, als er ſelbſt, nehme ich alſo alles dreyes für ausgemacht an, daß ich bin, daß ich war, und daß ich noch
künftig ſeyn werde.

ments, die wir vorgetragen haben, richtig. Denn was liegt daran, ob das, was uns beunruhigt, verdrüßliche Träume oder unbändige Leidenschaften sind? Werden wir darum weniger beunruhigt? Gesetzt, das Leben wäre ein Traum, so entstünde die Frage: wie wir daraus einen guten Traum machten? Die Antwort würde seyn: durch die Beherrschung der Leidenschaften. Unsre Beweise behielten also ihre völlige Kraft, und es bliebe die nehmliche Verbindlichkeit zur Tugend, weil wir ohne sie nicht süß würden träumen können.

Kurz, wir haben, wie uns dünkt, demjenigen alle mögliche Gewißheit gegeben, was wir zuerst von dem Vorzuge der Vergnügungen des Geistes vor den Wollüsten des Körpers, und was wir zweytens von dem Vorzuge der gemäßigten und tugendhaften Empfindungen begleiteten körperlichen Wollüste vor denjenigen zügellosen Wollüsten behauptet haben, die von keiner vernünftigen Empfindung beseelt werden.

Was wir von der Einrichtung des Geistes und der Oekonomie der Neigungen gesagt haben, wodurch der Charakter bestimmt und das Glück oder Unglück der Kreatur entschieden wird, ist nicht

weniger umumſtößlich. Wir haben aus dem Verhältniß und der Verbindung der Theile gezeigt,
daß in dieſer Art von Gebäude kein Theil ge-
ſchwächt werden könne, ohne daß man alle er-
ſchütterte und mithin das Ganze in Gefahr ſetzte.
Wir haben bewieſen, daß die Leibenſchaften,
die den Menſchen laſterhaft machen, für ihn eben
ſo viele Urſachen von Martern ſind, daß jede böſe Handlung dem Gewiſſen Wunden ſchlägt, daß
die Zerſtörung der geſellſchaftlichen Neigungen,
die Schwächung der geiſtigen Vergnügungen,
und das innre Bewußtſeyn, wie wenig man ſie
verdiene, nothwendige Folgen des moraliſchen
Verderbens ſind. Daraus haben wir den Schluß
gezogen, daß der Böſewicht, weder in der That
noch in der Einbildung das Glück habe, von
andern geliebt zu werden, oder ihr Vergnügen
mit ihnen zu theilen, das heißt, daß die frucht-
barſte Quelle menſchlicher Freuden für ihn ver-
ſtopft ſey.

Iſt es nun wirklich mit dem Laſterhaften alſo
beſchaffen, iſt ſein unnatürlicher Zuſtand elend,
abſcheulich, peinlich; ſo ſündigt man gegen ſein
eigenes wahres Intereſſe, und ſtürzt ſich in ein
unvermeidliches Unglück, wenn man die Grundſätze der Moral übertritt. Hingegen, wenn man